AF245216

Offert par la [...]

LIVRET

DE LA

FACULTÉ DES LETTRES

DE L'UNIVERSITÉ DE PARIS

(1809-1899)

Par Auguste HIMLY

Doyen honoraire de la Faculté

3ᵉ ÉDITION

PARIS

TYPOGRAPHIE DE MM. DELALAIN FRÈRES

IMPRIMEURS DE L'UNIVERSITÉ

18, RUE SÉGUIER

1900

LIVRET

DE LA

FACULTÉ DES LETTRES

DE L'UNIVERSITÉ DE PARIS

(1809-1899)

Par Auguste HIMLY

Doyen honoraire de la Faculté

3ᵉ ÉDITION

PARIS

TYPOGRAPHIE DE MM. DELALAIN FRÈRES

IMPRIMEURS DE L'UNIVERSITÉ

18, RUE SÉGUIER

1900

Le livret de la Faculté des Lettres de Paris, que je publie aujourd'hui de nouveau avec l'assentiment du Conseil de la Faculté, a paru pour la première fois dans la *Revue internationale de l'Enseignement* du 15 mars 1883. Il y était précédé d'un avant-propos, destiné à préciser le but et l'économie de mon travail, et que je reproduis intégralement, parce que, sauf en ce qui concerne les chiffres, il s'applique aussi bien à la nouvelle édition qu'à l'ancienne.

« Les pages qui suivent n'ont pas la prétention de donner, ni même d'esquisser l'histoire de la Faculté des Lettres de Paris ; ce serait, en effet, une œuvre de bien longue haleine et qui, de plus, exigerait une universalité de connaissances rare de nos jours, que de vouloir fixer le rôle de notre Faculté dans l'Université et dans les lettres françaises depuis trois quarts de siècle, apprécier l'influence directe de son enseignement, analyser et juger les ouvrages nombreux et en partie illustres qui sont devenus la forme définitive des cours professés dans son sein. Mon but a été beaucoup plus modeste : j'ai simplement voulu recueillir et classer sous forme annalistique les principaux renseignements relatifs au personnel et à l'enseignement de la Faculté, et lui constituer ainsi une espèce de chronique allant depuis son origine jusqu'au moment présent.

« Je me suis, comme de juste, adressé d'abord à nos registres officiels. Malheureusement ils sont fort incomplets pour la période de l'Empire et de la Restauration ; celui des *Actes et Délibérations* ne contient jusqu'à l'année 1823 qu'un état fort sommaire des nomi-

nations; celui des *Doctorats* n'a même été ouvert que
le 23 août 1828. J'ai tâché de combler les lacunes relatives au personnel enseignant au moyen des Almanachs
de l'Université et, pour les années où ils n'existent pas,
au moyen des Almanachs impériaux et royaux; j'ai em-
prunté au livre si utile de MM. Mourier et Deltour *sur
le Doctorat ès lettres* la liste de nos docteurs antérieurs
au 23 août 1828, sauf à y apporter quelques rares correc-
tions d'après notre registre des *Actes et Délibérations;*
j'ai enfin ajouté, avec l'aide des dictionnaires biogra-
phiques, au nom d chacun des membres de la Faculté,
la date de sa naissance, trop souvent absente de nos registres. Je n'ose affirmer que j'aie réussi ainsi à éviter
toutes les omissions et à écarter toutes les erreurs; je
crois cependant que mes listes n'en contiennent que
fort peu pour le premier quart de siècle de l'existence
de la Faculté, et qu'elles en sont complètement exemptes
pour le demi-siècle suivant.

«J'ai mis en tête (A), après la double suite des 8
doyens et des 6 secrétaires, l'historique de chacune des
17 chaires de la Faculté, c'est-à-dire la date de sa créa-
tion, ses transformations successives, et l'énumération
de tous ceux qui y ont enseigné, avec les dates [extrê-
mes de l'activité professorale de chacun. Une deuxième
liste (B) comprend l'ensemble du personnel enseignant
de la Faculté, professeurs titulaires, honoraires et ad-
joints, chargés de cours et suppléants, agrégés et com-
plémentaires, maîtres de conférences et maîtres auxiliaires. Disposée dans un ordre strictement chronologique, elle inscrit chaque nom à la date de la première
nomination dans la Faculté; mais elle accorde une
seconde mention, à la date de leur nomination au titula-
riat, à ceux des 56 professeurs titulaires ou honoraires
jusqu'ici portés sur le tableau de la Faculté, qui n'y sont
arrivés qu'après avoir passé par l'adjonction, la supplé-
ance, l'agrégation ou la maîtrise de conférences. Enfin
la troisième et dernière liste (C) donne par ordre alpha-
tique les noms des 503 candidats qui, depuis l'origine

jusqu'au 12 février 1883, ont soutenu avec succès devant la Faculté les épreuves du Doctorat ès lettres. Chaque nom est accompagné de la date de la soutenance et d'un chiffre qui indique le rang du docteur dans l'ordre chronologique des réceptions.

« Tous ces tableaux, qui ne contiennent absolument que des noms, des titres et des dates, sont, je suis le premier à le reconnaître, fort arides dans leur laconisme. Néanmoins je me flatte de l'espoir qu'ils seront parcourus avec quelque intérêt par un certain nombre de ceux qui ont passé par les salles de cours et les salles d'examen de la Sorbonne, et que bien des universitaires, peut-être même quelques personnes étrangères à l'Université, aimeront à y retrouver les noms de leurs professeurs et de leurs juges, leurs propres noms surtout, s'ils sont au nombre de nos docteurs. Quant à mes collègues, je suis sûr de leur être agréable en mettant sous les yeux de chacun d'eux la chronique de la chaire qu'il occupe ; aussi est-ce à eux que je dédie plus particulièrement ce *Livret* de la Faculté à laquelle nous sommes tous également fiers d'appartenir. »

C'est à mes collègues encore, mais aussi à nos élèves, qu'est dédiée la nouvelle édition de nos annales domestiques. J'y ai joint, en effet, aux trois sections du livret de 1883, naturellement mises à jour, trois autres sections, relatives à l'élite de nos étudiants, où M. Uri, le zélé secrétaire de nos conférences, a fait suivre la liste par ordre de promotions de nos boursiers d'agrégation, depuis l'origine de l'institution en 1880 (D), de celles des élèves de la Faculté, boursiers ou non boursiers, qui ont conquis le titre d'agrégé de l'Université (E) ou le grade de docteur ès lettres (F).

En comparant la première partie du nouveau livret à celui de 1883, on pourra constater que, pendant les huit années qui viennent de s'écouler, le nombre de nos chaires a été porté de 17 à 21, que le tableau des professeurs titulaires ou assimilés aux titulaires, où de 1809 à 1883 n'avaient été inscrits que 56 noms, en compte aujourd'hui 71, et que le chiffre de nos docteurs, arrêté à 503 le 12 février 1883, s'élevait à 636 le 28 mars 1891. D'autre part, de l'inspection des tableaux nouvellement ajoutés, il résulte qu'en dix ans la Faculté a fourni à l'Université 347 agrégés et 15 docteurs, dont 171 et 10 avec ses seuls boursiers. En présence de ces chiffres, nous croyons être en droit de penser et de dire que, si le gouvernement de la République a montré à la Faculté des Lettres de Paris une bienveillance dont nous lui sommes profondément reconnaissants, la Faculté, de son côté, a dignement répondu à la générosité des pouvoirs publics par son zèle et par ses succès.

Sorbonne, le 28 mars 1891.

Auguste HIMLY.

Cette troisième édition du *Livret de la Faculté des Lettres de l'Université de Paris* revu et mis à jour, pour figurer à l'Exposition universelle de 1900, a été publiée, sous les auspices de son auteur M. Auguste Himly, Doyen honoraire de la Faculté, et sous le décanat de M. Alfred Croiset, par les soins de MM. Lantoine, Secrétaire de la Faculté, et Uri, Secrétaire des Conférences.

Sorbonne, le 1er janvier 1900.

PREMIÈRE PARTIE

A

DÉCANAT, ASSESSORAT, SECRÉTARIAT ET CHAIRES DE LA FACULTÉ DES LETTRES DE PARIS, 1809 A 1899

Le décret du 17 mars 1808, portant organisation générale de l'Université, disait en son article 15 : « A Paris, la Faculté des Lettres sera formée de trois professeurs du Collège de France et de trois professeurs de belles-lettres des lycées ; le lieu où elle siégera sera déterminé par le chef de l'Université. »

Les premières nominations, non de six, mais de huit professeurs, furent faites le 6 mai 1809 ; quelques mois plus tard, le 19 septembre 1809, était créée une neuvième chaire. Ce ne fut cependant que le 17 avril 1811 que le grand-maître de l'Université impériale installait la Faculté des lettres, conjointement avec les Facultés de théologie et des sciences, dans les salles de l'ancien collège du Plessis. Elle y resta jusqu'au commencement de l'année scolaire 1821 à 1822, époque à laquelle elle fut transférée, avec les deux Facultés sœurs, dans son nouveau local, en vertu de l'ordonnance du 3 janvier 1821, qui affectait au service de l'instruction publique l'ancienne maison de Sorbonne et les bâtiments en dépendant.

A ce moment, le nombre des chaires avait été porté à onze, par deux créations remontant à 1812 et à 1814 ; il atteignit le chiffre, longtemps sacramentel, de douze, au lendemain de la révolution de juillet 1830. Réduit de nouveau à onze en 1864, par suite de la translation d'une chaire au Collège de France, il a été doublé sous le régime républicain, grâce au bon vouloir des Ministres de l'Instruction publique et de leurs collaborateurs dans la direction de l'enseignement supérieur, à la libéralité des Chambres et à la munificence du Conseil municipal de Paris. Du 12 janvier 1874 au 1er janvier 1900, la Faculté a été dotée de douze nouvelles chaires ; la vingt-troisième a été créée par l'Université de Paris, le 29 juillet 1899 ; nous espérons qu'elle ne restera pas longtemps la dernière.

DÉCANAT.

1. PASTORET (professeur de philosophie et opinions des philosophes), doyen, 6 mai 1809, jusqu'après son élévation au Sénat, décembre 1809.

2. ROYER-COLLARD (professeur d'histoire de la philosophie), doyen, 24 octobre 1810, jusqu'après son élévation à la présidence de la commission d'instruction publique, 15 août 1815.

3. BARBIÉ DU BOCAGE (professeur de géographie), doyen, 16 novembre 1815 jusqu'au 28 décembre 1825.

4. LEMAIRE (professeur de poésie latine), doyen, 30 mai 1826 jusqu'au 3 octobre 1832.

5. LECLERC (professeur d'éloquence latine), doyen, 8 octobre 1832 jusqu'au 12 novembre 1865.

6. Patin (professeur de poésie latine), doyen, 15 novembre 1865 jusqu'au 18 février 1876.

7. Wallon (professeur d'histoire moderne), doyen, 17 mars 1876 jusqu'au 18 novembre 1881.

8. Himly (professeur de géographie), doyen, 18 novembre 1881 jusqu'au 1er novembre 1898.

9. A. Croiset (professeur d'éloquence grecque), doyen, 1er novembre 1898.

ASSESSORAT.

1. Janet (professeur d'histoire de la philosophie moderne), assesseur, 11 février 1886.

2. Martha (professeur d'éloquence latine), assesseur, 25 février 1889.

3. A. Croiset (professeur d'éloquence grecque), assesseur, 14 mars 1895.

4. Petit de Julleville (professeur de littérature française du moyen âge et histoire de la langue française), assesseur, 22 décembre 1898.

SECRÉTARIAT.

1. Manuel, secrétaire, 3 décembre 1809; mort 1813.

2. Duc, secrétaire, 15 décembre 1813; retraité 1837.

3. Théodore Patin, secrétaire, 22 février 1837; mort 1852.

Benoît (docteur, 1846; agrégé, 1848), secrétaire suppléant, novembre 1849, chargé du secrétariat, 15 avril 1852.

4. Geruzez (suppléant de Villemain, 1833; docteur 1838), secrétaire, 22 octobre 1852; professeur honoraire, 13 août 1864; (mort 29 mai 1865).

5. Lorquet (docteur, 1841; agrégé, 1848), secrétaire, 29 août 1864; secrétaire honoraire, 1er juin 1882; (mort 2 septembre 1883).

Uri (docteur, 1886), secrétaire et bibliothécaire des conférences de philologie, 13 octobre 1881, et d'histoire, 14 décembre 1881; secrétaire des conférences, 22 octobre 1888.

6. Lantoine (docteur, 1874; maître de conférences, 1879), secrétaire, 1er juin 1882.

Picavet (docteur, 1891), secrétaire et bibliothécaire des conférences de philosophie et de langues vivantes, 23 octobre 1882 à 31 octobre 1888.

Froidevaux (docteur, 1892), secrétaire-archiviste du bureau de renseignements scientifiques annexé à la chaire de géographie coloniale (fondation du ministère des Colonies), 16 février 1895 à 31 décembre 1895; secrétaire de l'Office colonial, décembre 1898.

CHAIRES.

I. Histoire littéraire et Poésie française (6 mai 1809). — Poésie française (1833).

1. DELILLE, 6 mai 1809 à 1er mai 1813.
    Esmenard, adjoint, 1809 à 1811.
2. LAYA, 13 novembre 1815 à 25 août 1833.
3. SAINT-MARC-GIRARDIN, 18 novembre 1833 à 1er avril 1873.
    Berger, suppléant, 1841 à 1842. — Caboche, suppléant, 1849, 1850, 1851 à 1852, 1861 à 1862. — Saint-René-Taillandier, suppléant, 1863 à 1868. — Lenient, suppléant, 1868 à 1873.
4. LENIENT, 18 juillet 1873 à 4 novembre 1896.
    Marcou, suppléant, 1879 à 1880. — Petit de Julleville, suppléant, 1882 à 1886. — Faguet, chargé, 1890 à 1891, 1893 à 1897.
5. FAGUET, 31 janvier 1897.

II. Philosophie et opinions des philosophes (6 mai 1809). — Histoire de la philosophie (1810). — Histoire de la philosophie moderne (1814) — Histoire de la philosophie (1852). — Histoire de la philosophie moderne (1879).

1. PASTORET, 6 mai 1809 à décembre 1809.
    Millon, adjoint, 1809.
2. ROYER-COLLARD, 24 octobre 1810 à 4 septembre 1845.
    Millon, adjoint jusqu'en 1814. — Cousin, suppléant, 1815; adjoint, 1828 à 1830. — Jouffroy, adjoint, 1830 à 1837. — Damiron, adjoint, 1837 à 1842. — Garnier, adjoint, 1842 à 1845.
3. DAMIRON, 9 décembre 1845 à 16 octobre 1856.
    Lévêque, suppléant, 1854 à 1856.
4. SAISSET, 29 novembre 1856 à 27 décembre 1863.
    Lorquet, chargé, janvier à juin 1864.
5. JANET, 18 juin 1864 à 11 novembre 1887.
6. BOUTROUX, 1er mars 1888.
    Brochard, chargé, 1893 à 1894.

III. Histoire et géographie ancienne (6 mai 1809). — Histoire ancienne (1812).

1. LEVESQUE, 6 mai 1809 à 12 mai (?) 1812.
    Lacretelle, adjoint, 1809 à 1812.
2. LACRETELLE, 11 avril (?) 1812 à 7 juin 1853.
    Guizot, adjoint, 1812. — Durozoir, suppléant, 1824 à 1832. — Rosseeuw-Saint-Hilaire, suppléant, 1838 à 1853.
3. ROSSEEUW-SAINT-HILAIRE (chargé, 1853 à 1855), 4 juillet 1855 à 1er mars 1872.
    Himly, suppléant, 1857. — Jules Zeller, suppléant, 1858. — Geffroy, suppléant, 1864 à 1872.

4. GEFFROY, 24 juin 1872 à 4 novembre 1887.
>> Fustel de Coulanges, suppléant, 1875 à 1878. — Bouché-Leclercq, suppléant, 1879 à 1887.
5. BOUCHÉ-LECLERCQ, 23 décembre 1887.

IV. Poésie latine (6 mai 1809).

1. LUCE DE LANCIVAL, 6 mai 1809 à 17 août 1810.
2. LEMAIRE, 25 décembre 1810 à 3 octobre 1832.
>> Auguste Lemaire, suppléant, 1827 à 1832.
3. PATIN, 26 novembre 1832 à 18 février 1876.
>> Caboche, suppléant, 1849. — Martha, suppléant, 1865 à 1869. — Jules Girard, suppléant, 1869 à 1874. — Benoist, suppléant, 1874 à 1876.
4. BENOIST (chargé, 1876), 30 juin 1876 à 23 mai 1887.
>> Cartault, chargé, 1886 à 1887.
5. CARTAULT, 23 décembre 1887.

V. Éloquence latine (6 mai 1809).

1. SAINT-ANGE, 6 mai 1809 à 8 décembre 1810.
>> Delaplace, adjoint, 1809 à 1810.
2. DELAPLACE, 25 décembre 1810 à 13 décembre 1823.
3. GUÉROULT, 25 décembre 1810 à 14 décembre 1816.
4. LECLERC, 20 avril 1824 à 12 novembre 1865.
>> Lorain, suppléant, 1834 à 1836. — Rinn, suppléant, 1836 à 1837. — Charpentier, suppléant, 1837 à 1844. — Ernest Havet, suppléant, 1844 à 1854. — Berger, suppléant, 1854 à 1865.
5. BERGER (chargé, 1865), 13 janvier 1866 à 26 octobre 1869.
6. C. MARTHA, 5 décembre 1869 à 30 mai 1895.
>> Jules Martha, chargé, 1892 à 1895.
7. J. MARTHA, 22 novembre 1895.

VI. Éloquence française (6 mai 1809).

1. GUERLE, 6 mai 1809 à 13 novembre 1815.
>> Laya, adjoint, 1810 à 1815.
2. VILLEMAIN, 13 novembre 1815 à 7 mai 1852.
>> Pierrot, suppléant, 1821. — Patin, suppléant, 1830 à 1832. — Ampère, suppléant, 1832 à 1833. — Geruzez, suppléant, 1833 à 1852.
3. NISARD, 24 novembre 1852 à 1er décembre 1867.
>> Demogeot, suppléant, 1857 à 1861. — Gandar, suppléant, 1861 à 1867.
4. GANDAR (chargé, 1867), 16 à 22 février 1868.
5. SAINT-RENÉ TAILLANDIER, 16 avril 1868 à 23 février 1879.
>> Étienne, suppléant, 1870 à 1873. — Crouslé, suppléant, 1877 à 1879.
6. CROUSLÉ (chargé, 1879), 23 juin 1879.
>> Larroumet, chargé, 1894 à 1895.

VII. Littérature grecque (6 mai 1809). — Éloquence grecque (1874).

1. LARCHER, 6 mai 1809 à 22 décembre 1812.
   Boissonade, adjoint, 1809 à 1812.
2. BOISSONADE, 28 décembre 1812 à 24 janvier 1855.
   Guigniaut, suppléant, 1828 à 1830. — David, suppléant, 1830 à 1840. — Egger, suppléant, 1840 à 1855.
3. EGGER, 4 juillet 1855 à 30 août 1885.
   Croiset, suppléant, 1884 à 1885.
4. CROISET, 27 novembre 1885.

VIII. Histoire et géographie moderne (6 mai 1809). — Géographie (1812).

1. JEAN-DENIS BARBIÉ DU BOCAGE, 6 mai 1809 à 28 décembre 1825.
   Alexandre Barbié du Bocage, suppléant, 1825.
2. ALEXANDRE BARBIÉ DU BOCAGE, 30 mai 1826 à 25 février 1835.
   Jean-Guillaume Barbié du Bocage, suppléant, 1832 à 1834.
3. GUIGNIAUT, 11 août 1835 à 1er février 1862.
   Chéruel, suppléant, 1857. — Himly, suppléant, 1858 à 1862.
4. HIMLY (chargé, 1862 à 1863), 22 novembre 1863 à 1er novembre 1898.
5. VIDAL DE LA BLACHE, 18 décembre 1898.

IX. Philosophie (19 septembre 1809).

1. LAROMIGUIÈRE, 19 septembre 1809 à 12 août 1837.
   Thurot, suppléant, 1811; adjoint, 1812 à 1824. — Cardaillac, suppléant, 1824 à 1829. — Valette, suppléant, 1829 à 1837.
2. JOUFFROY, 28 novembre 1837 à 1er mars 1842.
   Garnier, suppléant, 1838 à 1842.
3. DAMIRON, 30 mars 1842 à 9 décembre 1845.
4. GARNIER, 9 décembre 1845 à 4 mai 1864.
   Caro, suppléant, 1858 à 1859. — Janet, suppléant, 1862 à 1864.
5. CARO, 9 août 1864 à 13 juillet 1887.
   Joly, suppléant, 1881 à 1883.
6. JANET, 11 novembre 1887 à 1er novembre 1898.
7. SÉAILLES, 18 décembre 1898.

X. Histoire moderne (25 juillet 1812).

1. GUIZOT, 25 juillet 1812 à 5 avril 1848.
   Villemain, suppléant, 1814; adjoint, 1815. — Raoul Rochette, suppléant, 1815. — Trognon, suppléant, 1822.

— Saint-Marc-Girardin, suppléant, 1830 à 1833. — Michelet, suppléant, 1833 à 1835. — Lenormant, suppléant, 1835 à 1845. — Wallon, suppléant, 1846 à 1848.

Henri Martin, chargé, 5 avril 1848.

2. WALLON (chargé, 1848 à 1849), 21 novembre 1849 à 26 décembre 1887.

Lacroix, suppléant, 1871 à 1880. — Pigeonneau, suppléant, 1880 à 1888.

3. LAVISSE, 1er mars 1888.

Lemonnier, chargé, 1889 à 1892. — Seignobos, chargé, 1898 à 1899.

XI. Histoire de la philosophie ancienne (mai 1814). - Grammaire comparée (1852).

1. MILLON, mai 1814 à septembre 1830.

Maugras, suppléant, 1824 à 1828. — Jouffroy, suppléant, 1829 à 1830.

2. COUSIN, septembre 1830 à 7 mai 1852.

Damiron, suppléant, 1830 à 1831. — Poret, suppléant, 1831 à 1838. — Vacherot, suppléant, 1838 à 1839. — Simon, suppléant, 1839 à 1852.

3. HASE, 24 novembre 1852 à 21 mars 1864.

La chaire de grammaire comparée est transférée au Collège de France, 1er juin 1864.

XII, puis (depuis 1864) XI. Littérature étrangère (20 octobre 1830).

1. FAURIEL, 20 octobre 1830 à 15 juillet 1844.

Magnin, suppléant, 1834 à 1836. — Eichhoff, suppléant, 1836 à 1837. — Ozanam, suppléant, 1840 à 1844.

2. OZANAM, 23 novembre 1844 à 8 septembre 1853.

Benoît, suppléant, 1852. — Arnould, suppléant, 1853.

3. ARNOULD (délégué, 1853 à 1856), 1er juillet 1856 à 1er février 1861.

4. MÉZIÈRES (chargé, 1861 à 1863), 18 juin 1863 à 26 décembre 1898.

Lichtenberger, suppléant, 1881 à 1899.

5. LICHTENBERGER, 29 juillet 1899.

XII. Poésie grecque (12 janvier 1874).

1. JULES GIRARD, 12 janvier 1874 à 1er novembre 1891.

Decharme, chargé, 1886 à 1891.

2. DECHARME, 8 décembre 1891.

XIII. Archéologie (6 mars 1876).

1. PERROT, 7 mars 1876.

Collignon, suppléant, 1883.

XIV. Histoire du moyen âge (24 décembre 1878).

    1. FUSTEL DE COULANGES, 24 décembre 1878 à 12 septembre 1889.

        Lavisse, suppléant, 1880 à 1883. — Luchaire, chargé, 1888 à 1889.

    2. LUCHAIRE, 6 décembre 1889.

XV. Histoire de la philosophie ancienne (9 septembre 1879), *l'ancien XI.*

    1. WADDINGTON, 10 septembre 1879 à 1er novembre 1894.
        Brochard, chargé, 1892 à 1893.

    2. BROCHARD (chargé, 31 juillet 1894), 28 décembre 1894.

XVI. Langues et littératures de l'Europe méridionale (31 décembre 1879).

    1. GEBHART, 1er janvier 1880.

XVII. Littérature française du moyen âge et histoire de la langue française (15 janvier 1883).

    1. DARMESTETER, 15 janvier 1883 à 16 novembre 1888

    2. PETIT DE JULLEVILLE, 8 mars 1889.

XVIII. Histoire moderne et contemporaine (31 décembre 1883).

    1. RAMBAUD, 1er janvier 1884.
        Denis, chargé, 1895.

XIX. Sanscrit et grammaire comparée des langues indo-européennes (27 décembre 1885).

    1. BERGAIGNE, 27 décembre 1885 à 6 août 1888.
        Henry, chargé, 1888.

    2. HENRY, 28 décembre 1894.

XX. Science de l'éducation (1er mars 1887).

    1. MARION, 1er mars 1887 à 5 avril 1896.

    2. BUISSON, 2 juillet 1896.

XXI. Histoire de la Révolution française (*fondation de la ville de Paris*) (23 mars 1891).

    1. AULARD, 23 mars 1891.

XXII. Géographie coloniale (*fondation du Ministère des Colonies*) (16 mai 1893).

    1. DUBOIS, 16 mai 1893.

XXIII. Histoire de l'art (*fondation de l'Université de Paris*) (29 juillet 1899).

    1. LEMONNIER, 29 juillet 1899.

B

PERSONNEL ENSEIGNANT
DE LA FACULTÉ DES LETTRES DE PARIS, 1809 A 1899

La série générale comprend tous ceux qui, à un titre quelconque, ont enseigné à la Faculté. Une série particulière, in-
tercalée dans la première, ne donne que les professeurs titulaires ou assimilés aux titulaires, chacun avec le chiffre que
lui assigne le rang qu'il occupe dans l'ordre du tableau.

I. Décanat Pastoret (6 mai 1809).

1. DELILLE (Jacques), né 1738, professeur d'histoire littéraire
et poésie française, 6 mai 1809; mort 1er mai 1813.

2. PASTORET (Emmanuel de), né 1756, professeur de philosophie et opinions des philosophes et doyen pour trois ans, 6 mai
1809; démissionnaire après son élévation au Sénat, décembre
1809; mort 29 septembre 1840.

3. LEVESQUE (Pierre-Charles), né 1736, professeur d'histoire
et géographie ancienne, 6 mai 1809; mort 12 mai (?) 1812.

4. LUCE DE LANCIVAL (Jean-Charles-Julien), né 1764, professeur de poésie latine, 6 mai 1809; mort 17 août 1810.

5. SAINT-ANGE (Ange Fariau, dit de), né 1747, professeur
d'éloquence latine, 6 mai 1809; mort 8 décembre 1810.

6. GUEULE (Jean-Nicolas-Marie de), né 1766, professeur d'éloquence française, 6 mai 1809; honoraire, 13 novembre 1815;
mort 11 novembre 1824.

7. LARCHER (Pierre-Henri), né 1726, professeur de littérature
grecque, 6 mai 1809; mort 22 décembre 1812.

8. BARBIÉ DU BOCAGE (Jean-Denis), né 1760, professeur d'histoire et géographie moderne, 6 mai 1809 (de géographie, depuis
1812); doyen, sur présentation de deux sujets par la Faculté,
16 novembre 1815; mort 28 décembre 1825.

Esmenard, né 1770, adjoint à la chaire d'histoire littéraire et poésie française (Delille), 6 mai 1809; mort 25 juin
1811.

Millon, né 1754, adjoint à la chaire de philosophie et
opinions des philosophes (Pastoret, Royer-Collard), 6 mai
1809; professeur d'histoire de la philosophie ancienne,
mai 1814.

Lacretelle jeune, né 1766, adjoint à la chaire d'histoire
et géographie ancienne (Levesque), 6 mai 1809; professeur d'histoire ancienne, 11 avril (?) 1812.

Delaplace, né 1757, adjoint à la chaire d'éloquence
latine (Saint-Ange), 6 mai 1809; professeur d'éloquence
latine, 25 décembre 1810.

Boissonade, né 1774, adjoint à la chaire de littérature
grecque (Larcher), 6 mai 1809; professeur de littérature
grecque, 28 décembre 1812.

9. LAROMIGUIÈRE (Pierre de), né 1756, professeur de philosophie, 19 septembre 1809; mort 12 août 1837.

II. Décanat Royer-Collard (24 octobre 1810).

10. ROYER-COLLARD (Pierre-Paul), né 1763, professeur d'histoire de la philosophie (depuis 1814, d'histoire de la philosophie moderne) et doyen, 24 octobre 1810; démissionnaire comme doyen après son élévation à la présidence de la commission d'instruction publique, 15 août 1815; mort 4 septembre 1845.

Laya, né 1761, adjoint à la chaire d'éloquence française (Guerle), 13 novembre 1810; professeur d'histoire littéraire et poésie française, 13 novembre 1815.

11. DELAPLACE (Guislain-François-Marie-Joseph), né 1757 (voyez 1809), professeur d'éloquence latine, 25 décembre 1810; mort 13 décembre 1823.

12. GUÉROULT jeune (Pierre-Remi-Antoine-Guillaume), né 1749, second professeur d'éloquence latine, 25 décembre 1810; mort 14 décembre 1816.

13. LEMAIRE (Nicolas-Éloi), né 1767, professeur de poésie latine, 25 décembre 1810; doyen, 30 mai 1826; mort 3 octobre 1832.

Thurot, né 1768, suppléant, 5 décembre 1811; adjoint, 23 décembre 1812, à la chaire de philosophie (Laromiguière); passe au Collège de France, 1814; mort 16 juillet 1832.

14. LACRETELLE jeune (Charles-Joseph), né 1766 (voyez 1809), professeur d'histoire et géographie ancienne (depuis juillet 1812, d'histoire ancienne), 11 avril (?) 1812; honoraire, 7 juin 1853; mort 26 mars 1855.

Guizot, né 1787, adjoint à la chaire d'histoire et géographie ancienne (Lacretelle), 11 avril (?) 1812; professeur d'histoire moderne, 25 juillet 1812.

15. GUIZOT (François-Pierre-Guillaume), né 1787 (voyez 1812), professeur d'histoire moderne, 25 juillet 1812; ministre de l'instruction publique, 11 octobre 1832 à 10 novembre 1834, 18 novembre 1834 à 22 février 1836, 6 septembre 1836 à 15 avril 1837; remplacé, 5 avril 1848; honoraire, 13 juillet 1849; mort 12 octobre 1874.

16. BOISSONADE (Jean-François), né 1774 (voyez 1809), professeur de littérature grecque, 28 décembre 1812; honoraire, 24 janvier 1855; mort 8 septembre 1857.

17. MILLON (Charles), né 1754 (voyez 1809), professeur d'histoire de la philosophie ancienne, mai 1814; à la retraite, septembre 1830; mort 21 juillet 1839.

Villemain, né 1790, suppléant, 6 juin 1814, puis adjoint à la chaire d'histoire moderne (Guizot); professeur d'éloquence française, 13 novembre 1815.

18. LAYA (Jean-Louis), né 1761 (*voyez* 1810), professeur d'histoire littéraire et poésie française, 13 novembre 1815; mort 25 août 1833.

19. VILLEMAIN (Abel-François), né 1790 (*voyez* 1814); professeur d'éloquence française, 13 novembre 1815; ministre de l'instruction publique, 12 mai 1839 à 1er mars 1840, 29 octobre 1840 à 30 décembre 1844; honoraire, 7 mai 1852; mort 8 mai 1870.

Cousin, né 1792, suppléant, 13 novembre 1815, puis adjoint, 5 mars 1828, à la chaire d'histoire de la philosophie moderne (Royer-Collard); professeur d'histoire de la philosophie ancienne, septembre 1830.

Raoul Rochette, né 1789, suppléant, 13 novembre 1815, de la chaire d'histoire moderne (Guizot).

III. Décanat Barbié du Bocage (16 novembre 1815).

Pierrot, né 1792, docteur 1812, suppléant 1821 de la chaire d'éloquence française (Villemain).

Trognon, né 1...., suppléant, 26 février 1822, de la chaire d'histoire moderne (Guizot).

20. LECLERC (Joseph-Victor), né 1789, professeur d'éloquence latine, 20 avril 1824; doyen, 8 octobre 1832; mort 12 novembre 1865.

Cardaillac, né 1...., suppléant de la chaire de philosophie (Laromiguière) 1824 à 1829.

Maugras, né 1762, suppléant de la chaire d'histoire de la philosophie ancienne (Millon), 1824 à 1828.

Durozoir, né 1790, suppléant de la chaire d'histoire ancienne (Lacretelle), 1824 à 1832.

Barbié du Bocage fils, né 1798, suppléant de la chaire de géographie (Barbié du Bocage père), 1825; professeur de géographie, 30 mai 1826.

IV. Décanat Lemaire (30 mai 1826).

21. BARBIÉ DU BOCAGE (Alexandre-Frédéric), né 1798 (*voyez* 1825), docteur 1826, professeur de géographie, 30 mai 1826; mort 25 février 1835.

Auguste Lemaire, né 1802, docteur 1823; suppléant de la chaire de poésie latine (Lemaire), 13 février 1827 à 1832.

Guigniaut, né 1794, suppléant de la chaire de littérature grecque (Boissonade), 1828 à 1830; professeur de géographie, 11 août 1835.

Jouffroy, né 1796, docteur 1816, suppléant de la chaire d'histoire de la philosophie ancienne (Millon), 2 janvier 1829 à 1830, adjoint à la chaire d'histoire de la philoso-

phie moderne (Royer-Collard), 23 octobre 1830 à 1837 ;
professeur de philosophie, 28 novembre 1837.

Valette, né 1..., docteur 1819, suppléant de la chaire
de philosophie (Laromiguière), 1829 à 1837.

22. Cousin (Victor), né 1792 (voyez 1815), professeur d'histoire de la philosophie ancienne, septembre 1830 ; ministre de
l'Instruction publique, 1er mars à 29 octobre 1840 ; honoraire,
7 mai 1852 ; mort 13 janvier 1867.

23. Fauriel (Claude-Charles), né 1772, professeur de littérature étrangère, 30 octobre 1830, mort 15 juillet 1844.

David, né 1783, suppléant de la chaire de littérature
grecque (Boissonade), 1830 à 1840.

Patin, né 1793, docteur 1814, suppléant de la chaire
d'éloquence française (Villemain), 1830 à 1832 ; professeur de poésie latine, 26 novembre 1832.

Damiron, né 1794, docteur 1816, suppléant de la chaire
d'histoire de la philosophie ancienne (Cousin), 1830 à
1831 ; adjoint à la chaire d'histoire de la philosophie moderne (Royer-Collard), 30 décembre 1837 à 1842 ; professeur de philosophie, 30 mars 1842.

Saint-Marc-Girardin, né 1801, suppléant de la chaire
d'histoire moderne (Guizot), 1830 à 1833 ; professeur de
poésie française, 18 novembre 1833.

Poret, né 1..., docteur 1819, suppléant de la chaire
d'histoire de la philosophie ancienne (Cousin), 1831 à
1838.

V. Décanat Leclerc (8 octobre 1832).

Ampère, né 1800, suppléant de la chaire d'éloquence
française (Villemain), 1832 à 1833.

Barbié du Bocage frère, né 1793, suppléant de la chaire
de géographie (Alexandre Barbié du Bocage), 1832 à 1834.

24. Patin (Henri-Jean-Guillaume), né 1793 (voyez 1830), professeur de poésie latine, 26 novembre 1832 ; doyen, 15 novembre 1865 ; mort 18 février 1876.

Geruzez, né 1799, suppléant de la chaire d'éloquence
française (Villemain), 22 octobre 1833 à 1852 ; docteur
1838, agrégé 1840 ; secrétaire, 22 octobre 1852 ; professeur
honoraire, 13 août 1864.

Michelet, né 1798, docteur 1819, suppléant de la chaire
d'histoire moderne (Guizot), 1833 à 1835.

25. Saint-Marc-Girardin (Marc Girardin, dit), né 1801 (voyez
1830), professeur de poésie française, 18 novembre 1833 ; mort
1er avril 1873.

Magnin, né 1793, suppléant de la chaire de littérature
étrangère (Fauriel), 1834 à 1836.

Lorain, né 1799, suppléant de la chaire d'éloquence
latine (Leclerc), 1834 à 1836.

26. Guigniaut (Joseph-Daniel, né 1794 (voyez 1828), docteur 1835, professeur de géographie, 11 août 1835; honoraire, 1er février 1862; mort 12 mars 1876.

Lenormant, né 1802, suppléant de la chaire d'histoire moderne (Guizot), 1835 à 1845, docteur 1838, agrégé 1840.

Eichhoff, né 1799, docteur 1826, suppléant de la chaire de littérature étrangère (Fauriel), 1836 à 1837.

Rinn, né 1797, suppléant de la chaire d'éloquence latine (Leclerc), 1836 à 1837.

Charpentier, né 1797, suppléant de la chaire d'éloquence latine (Leclerc), 1837 à 1844, docteur 1839, agrégé 1840.

27. Jouffroy (Théodore), né 1796 (voyez 1829), professeur de philosophie, 28 novembre 1837; mort 1er mars 1842.

Rosseeuw-Saint-Hilaire, né 1802, suppléant de la chaire d'histoire ancienne (Lacretelle), 30 avril 1838 à 1853, docteur 1838, agrégé 1840, chargé de la chaire d'histoire ancienne, 7 novembre 1853; professeur d'histoire ancienne, 4 juillet 1855.

Vacherot, né 1809, docteur 1836, suppléant de la chaire d'histoire de la philosophie ancienne (Cousin), 1838 à 1839.

Garnier, né 1801, suppléant de la chaire de philosophie (Jouffroy), 1838 à 1842, docteur 1840, agrégé 1840, adjoint à la chaire d'histoire de la philosophie moderne (Royer-Collard), 25 avril 1842; professeur de philosophie, 9 décembre 1845.

Jules Simon (Suisse), né 1814, docteur 1839, suppléant de la chaire d'histoire de la philosophie ancienne (Cousin), 1839 à 1852, agrégé 1840; ministre de l'instruction publique, 4 septembre 1870 à 18 mai 1873.

Franck, né 1809, (docteur de Toulouse, 1832), agrégé de philosophie, 3 octobre 1840, complémentaire, 1840 à 1843, 1847 à 1848, 1852.

Wallon, né 1812, docteur 1837, agrégé d'histoire, 3 octobre 1840, suppléant de la chaire d'histoire moderne (Guizot), 1846 à avril 1848, chargé de la chaire, 30 novembre 1848; professeur d'histoire moderne, 21 novembre 1849.

Ozanam, né 1813, docteur 1839, agrégé de littérature ancienne et moderne, 4 octobre 1840, suppléant de la chaire de littérature étrangère (Fauriel), 1840 à 1844; professeur de littérature étrangère, 23 novembre 1844.

Émile Egger, né 1813, docteur 1833, agrégé de littérature ancienne et moderne, 4 octobre 1840, suppléant de la chaire de littérature grecque (Boissonade), 1840 à 1855; professeur de littérature grecque, 4 juillet 1855.

Berger, né 1810, docteur 1840, agrégé de littérature ancienne et moderne, 4 octobre 1840, suppléant de la chaire de poésie française (Saint-Marc-Girardin), 1841 à 1842, de celle d'éloquence latine (Leclerc), 1854 à 1865.

chargé de la chaire d'éloquence latine, 15 novembre 1865 ;
professeur d'éloquence latine, 13 janvier 1866.

28. Damiron (Jean-Philibert). né 1794 (*voyez* 1830). professeur de philosophie, 30 mars 1842, professeur d'histoire de la
philosophie moderne (depuis 1852, d'histoire de la philosophie),
9 décembre 1845 ; honoraire, 16 octobre 1856 ; mort 11 janvier 1862.

Saisset, né 1814, docteur 1840, agrégé de philosophie,
15 septembre 1843, complémentaire, 1849 à 1852, professeur d'histoire de la philosophie, 29 novembre 1856.

Ernest Havet, né 1813, docteur 1843, agrégé de littérature ancienne et moderne, 17 septembre 1844, suppléant de la chaire d'éloquence latine (Leclerc), 1844 à
1854.

Demogeot, né 1808, (docteur de Toulouse, 1837),
agrégé de littérature ancienne et moderne, 17 septembre
1844, suppléant de la chaire d'éloquence française (Nisard),
1857 à 1861.

29. Ozanam (Antoine-Frédéric), né 1813 (*voyez* 1840), professeur de littérature étrangère, 23 novembre 1844 ; mort 8 septembre 1853.

30. Garnier (Adolphe), né 1801 (*voyez* 1838) ; professeur de
philosophie, 9 décembre 1845 ; mort 4 mai 1864.

Henri Martin, né 1810, chargé provisoirement du cours
d'histoire moderne, 5 avril 1848, docteur 1849.

Lorquet, né 1815, docteur 1841, agrégé de philosophie, 13 juin 1848, complémentaire, 1857 à 1864, chargé
du cours d'histoire de la philosophie, janvier à juin 1864 ;
secrétaire, 29 août 1864, secrétaire honoraire 1er juin
1882.

Waddington (-Kastus), né 1819, docteur 1848, agrégé
de philosophie, 7 décembre 1848, complémentaire, 1850
à 1856 et 1871 à 1879 ; professeur d'histoire de la philosophie ancienne, 10 septembre 1879.

Caboche, né 1810, docteur 1844, agrégé de littérature
ancienne et moderne, 9 décembre 1848, suppléant de la
chaire de poésie française (Saint-Marc-Girardin), avril
1849, de celle de poésie latine (Patin), novembre 1849, de
celle de poésie française (Saint-Marc-Girardin), avril 1850,
avril 1851 à juillet 1852, novembre 1861 à avril 1862.

Benoit, né 1815, docteur 1846, agrégé de littérature
ancienne et moderne, 9 décembre 1848, complémentaire
de littérature grecque, avril 1849 à 1852, secrétaire suppléant, novembre 1849, chargé du secrétariat, 15 avril
1852, suppléant de la chaire de littérature étrangère
(Ozanam), novembre 1852 à avril 1853.

Himly, né 1823, docteur 1849, agrégé d'histoire et de
géographie, 27 avril 1849, complémentaire, 1850 à 1857,
suppléant de la chaire d'histoire ancienne (Rossecuw-Saint-
Hilaire), 2 novembre 1857, de celle de géographie (Guigniaut), 2 février 1858 à 1862, chargé du cours de géo-

graphie, 17 novembre 1862 ; professeur de géographie, 22 novembre 1863.

31. WALLON (Henri-Alexandre), né 1812 (*voyez* 1840) ; professeur d'histoire moderne, 21 novembre 1849 ; ministre de l'instruction publique, 10 mars 1875 à 9 mars 1876 ; doyen pour cinq ans, sur présentation de deux candidats par la Faculté, 17 mars 1876 ; doyen honoraire, 18 novembre 1881 ; professeur honoraire, 26 décembre 1887.

32. HASE (Charles-Benoît), né 1780 ; professeur de grammaire comparée, 24 novembre 1852 ; mort 21 mars 1864.

33. NISARD (Jean-Marie-Napoléon-Désiré), né 1806 ; professeur d'éloquence française, 24 novembre 1852 ; honoraire, 1ᵉʳ décembre 1867 ; mort 25 mars 1888.

 Arnould, né 1811, docteur 1842, suppléant de la chaire de littérature étrangère (Ozanam), avril 1853, délégué dans la même chaire, 1853 à 1856 ; professeur de littérature étrangère, 1ᵉʳ juillet 1856.

 Levêque, né 1818, docteur 1852, suppléant de la chaire d'histoire de la philosophie (Damiron), 1854 à 1856.

34. EGGER (Émile), né 1813 (*voyez* 1840) ; professeur de littérature grecque (depuis 1874, d'éloquence grecque), 4 juillet 1855 ; mort 30 août 1885.

35. ROSSEEUW-SAINT-HILAIRE (Eugène-François-Achille), né 1802 (*voyez* 1838) ; professeur d'histoire ancienne, 4 juillet 1855 ; honoraire, 1ᵉʳ mars 1872 ; mort 29 janvier 1889.

36. ARNOULD (Nicolas-Edmond), né 1811 (*voyez* 1853) ; professeur de littérature étrangère, 1ᵉʳ juillet 1856 ; mort 1ᵉʳ février 1861.

37. SAISSET (Émile), né 1814 (*voyez* 1843) ; professeur d'histoire de la philosophie, 29 novembre 1856 ; mort 27 décembre 1863.

 Chéruel, né 1809, docteur 1849, suppléant de la chaire de géographie (Guigniaut), octobre 1857 à février 1858.

 Jules Zeller, né 1819, docteur 1849, suppléant de la chaire d'histoire ancienne (Rosseeuw-Saint-Hilaire), février à avril 1858, complémentaire d'histoire, mai 1858 à 1859.

 Caro, né 1826, docteur 1852, suppléant de la chaire de philosophie (Garnier), 1858 à 1859 ; professeur de philosophie, 9 août 1864.

 Mézières, né 1826, docteur 1853, chargé du cours de littérature étrangère, 18 février 1861 à 18.. ; professeur de littérature étrangère, 18 juin 1863.

 Gandar, né 1825, docteur 1854, suppléant de la chaire d'éloquence française (Nisard), 1861 à 1867, chargé du cours 31 décembre 1867 ; professeur d'éloquence française, 16 février 1868.

 Janet, né 1823, docteur 1848, suppléant de la chaire de philosophie (Garnier), 1862 à 1864 ; professeur d'histoire de la philosophie, 18 juin 1864.

38. MÉZIÈRES (Alfred-Jean-François), né 1826 (*voyez* 1861) ; professeur de littérature étrangère, 18 juin 1863 ; honoraire, 26 décembre 1898.

Saint-René Taillandier, né 1817, docteur 1843, suppléant de la chaire de poésie française (Saint-Marc-Girardin), 1863 à 1868 ; professeur d'éloquence française, 16 avril 1868.

39. HIMLY (Louis-Auguste), né 1823 (*voyez* 1849) ; professeur de géographie, 22 novembre 1863 ; doyen pour cinq ans, 18 novembre 1881 ; renouvelé pour trois ans, 25 octobre 1886, sur présentation de deux candidats par la Faculté ; de même, 15 octobre 1889 ; de même, 1er octobre 1892 ; de même, 27 juillet 1895 ; professeur et doyen honoraire, 1er novembre 1898.

40. JANET (Paul-Alexandre-René), né 1823 (*voyez* 1862) ; professeur d'histoire de la philosophie (depuis 1879, d'histoire de la philosophie moderne), 18 juin 1864 ; assesseur pour trois ans, 11 février 1886 ; professeur de philosophie, 11 novembre 1887 ; honoraire 1er novembre 1898 ; mort 4 octobre 1899.

41. CARO (Elme-Marie), né 1826 (*voyez* 1858) ; professeur de philosophie, 9 août 1864 ; mort 13 juillet 1887.

42. GERUZEZ (Nicolas-Eugène), né 1799 (*voyez* 1833) ; professeur honoraire, 13 août 1864 ; mort 29 mai 1865.

Geffroy, né 1820, docteur 1848, suppléant de la chaire d'histoire ancienne (Rosseeuw-Saint-Hilaire), 1864 à 1872 ; professeur d'histoire ancienne, 24 juin 1872.

VI. Décanat Patin (15 novembre 1865).

Constant Martha, né 1820, docteur 1854, suppléant de la chaire de poésie latine (Patin), 1865 à 1869 ; professeur d'éloquence latine, 5 décembre 1869.

Émile Chasles, né 1827, docteur 1862, complémentaire de littératures du Midi, 1865 à 1868.

43. BERGER (Julien-François-Adolphe), né 1810 (*voyez* 1840) ; professeur d'éloquence latine, 13 janvier 1866 ; mort 26 octobre 1869.

44. GANDAR (Eugène), né 1825 (*voyez* 1861) ; professeur d'éloquence française, 16 février 1868 ; mort 22 février 1868.

45. SAINT-RENÉ TAILLANDIER (René dit), né 1817, (*voyez* 1863) ; professeur d'éloquence française, 16 avril 1868 ; mort 23 février 1879.

Lenient, né 1826, docteur 1855, suppléant de la chaire de poésie française (Saint-Marc-Girardin), 1868 à 1873 ; professeur de poésie française, 18 juillet 1873.

Jules Girard, né 1825, docteur 1854, complémentaire de littérature grecque, 1868 à 1869, suppléant de la chaire de poésie latine (Patin), 1869 à 1874 ; professeur de poésie grecque, 12 janvier 1874.

46. MARTHA (Benjamin-Constant), né 1820 (*voyez* 1865) ; professeur d'éloquence latine, 5 décembre 1869 ; assesseur pour trois ans, 25 février 1889 ; de même, 22 mars 1892 jusqu'au 14 mars 1895 ; mort 30 mai 1895.

Étienne, né 1813, docteur 1849, suppléant de la chaire d'éloquence française (Saint-René Taillandier), janvier 1870 à 1873.

Lacroix, né 1817, docteur 1846, suppléant de la chaire d'histoire moderne (Wallon), 1871 à 1880; mort 13 janvier 1882.

47. Geffroy (Mathieu-Auguste), né 1820 (*voyez* 1864); professeur d'histoire ancienne, 24 juin 1872; honoraire, 4 novembre 1887; mort 14 août 1895.

48. Lenient (Charles-Félix), né 1826 (*voyez* 1868); professeur de poésie française, 18 juillet 1873; honoraire, 4 novembre 1896.

49. Girard (Jules-Augustin), né 1825 (*voyez* 1868); professeur de poésie grecque, 12 janvier 1874; honoraire, 1er novembre 1891.

Benoist, né 1831, docteur 1862, suppléant de la chaire de poésie latine (Patin), février 1874, chargé du cours, février 1876; professeur de poésie latine, 30 juin 1876.

Fustel de Coulanges, né 1830, docteur 1858, suppléant de la chaire d'histoire ancienne (Geffroy), 1875 à 1878; professeur d'histoire du moyen âge, 24 décembre 1878.

50. Perrot (Georges), né 1832, docteur 1867; professeur d'archéologie, 7 mars 1876.

VII. Décanat Wallon (17 mars 1876).

51. Benoist (Louis-Eugène), né 1831 (*voyez* 1874); professeur de poésie latine, 30 juin 1876; mort 23 mai 1887.

Bergaigne, né 1838, docteur 1877, maître de conférences de langue et littérature sanscrites, avril 1877; complémentaire, 1879; professeur de sanscrit et de grammaire comparée des langues indo-européennes, 27 décembre 1885.

Arsène Darmesteter, né 1846, docteur 1877, maître de conférences de langue et littérature françaises du moyen âge, juin 1877; complémentaire, 1879; professeur de littérature française du moyen âge et histoire de la langue française, 15 janvier 1883.

Anatole Feugère, né 1843, docteur 1874, maître de conférences de littérature française, juillet 1877; mort 3 août 1877.

Alfred Croiset, né 1845, docteur 1873, maître de conférences de langue et littérature grecques, août 1877; professeur adjoint, directeur d'études pour les lettres et la philologie, octobre 1883; suppléant de la chaire d'éloquence grecque (Egger), 1884 à 1885; professeur d'éloquence grecque, 27 novembre 1885.

Crouslé, né 1830, docteur 1864, suppléant de la chaire d'éloquence française (Saint-René Taillandier), 1877 à 1879.

chargé du cours, mars 1879 ; professeur d'éloquence française, 23 juin 1879.

Cucheval, né 1830, docteur 1863, maître de conférences d'éloquence latine, décembre 1878 à 1880.

Marcou, né 1836, docteur 1859, maître de conférences de poésie latine, décembre 1878 à 1879, suppléant de la chaire de poésie française (Lenient), 1879 à 1880.

Gaston Feugère, né 1836, docteur 1874, maître de conférences de littérature française, décembre 1878 à 1880.

Pigeonneau, né 1834, docteur 1877, maître de conférences d'histoire et de géographie, décembre 1878 à 1880, suppléant de la chaire d'histoire moderne (Wallon), septembre 1880 à février 1888 ; complémentaire d'histoire économique et coloniale, 1er mars 1888 ; professeur adjoint assimilé aux titulaires, 24 mars 1888.

52. Fustel de Coulanges (Numa-Denis), né 1830 (voyez 1875) ; professeur d'histoire du moyen âge, 24 décembre 1878 ; mort 12 septembre 1889.

Bouché-Leclercq, né 1842, docteur 1872, suppléant de la chaire d'histoire ancienne (Geffroy), janvier 1879 à 1887 ; professeur adjoint assimilé aux titulaires, 17 juillet 1886.

53. Crouslé (François-Léon), né 1830 (voyez 1877) ; professeur d'éloquence française, 23 juin 1879.

54. Waddington (Charles), né 1819 (voyez 1848) ; professeur d'histoire de la philosophie ancienne, 10 septembre 1879 ; honoraire, 1er novembre 1894.

Lantoine, né 1845, docteur 1874, maître de conférences de poésie latine, novembre 1879 à 1882 ; secrétaire, 1er juin 1882.

55. Gebhart (Émile-Nicolas), né 1839, docteur 1860 ; professeur de langues et littératures de l'Europe méridionale, 1er janvier 1880.

Ernest Lichtenberger, né 1847, docteur 1878, maître de conférences de langues et littératures d'origine germanique, février 1880, suppléant de la chaire de littérature étrangère (Mézières), novembre 1881 ; professeur adjoint assimilé aux titulaires, 16 avril 1889.

Lavisse, né 1842, docteur 1875, suppléant de la chaire d'histoire du moyen âge (Fustel de Coulanges), mars 1880 à octobre 1883 ; professeur adjoint, directeur d'études pour l'histoire, octobre 1883 ; professeur adjoint assimilé aux titulaires, 28 décembre 1885.

Louis Havet, né 1849, docteur 1880, maître de conférences de langue et littérature latines, octobre 1880, de philologie latine, 1881, de philologie et métrique, 1882 ; complémentaire de langue et littérature latines, 1885.

Gazier, né 1844, docteur 1875, maître de conférences de littérature française, novembre 1880, professeur adjoint assimilé aux titulaires, 29 novembre 1894.

Berthold Zeller, né 1848, docteur 1880, maître de conférences d'histoire et de géographie, novembre 1880, professeur adjoint assimilé aux titulaires, 16 février 1895 ; mort 31 mars 1899.

Graux, né 1852, docteur 1881, maître de conférences d'histoire grecque, mai 1881 ; mort 13 janvier 1882.

Riemann, né 1853, docteur 1879, maître de conférences de langue et littérature latines, octobre 1881 à 1882.

Henri Joly, né 1839, docteur 1869, suppléant de la chaire de philosophie (Caro) et maître de conférences de philosophie, 1881 à 1883 ; chargé de conférences de philosophie, 1883 à 1884 ; complémentaire de philosophie, 1884 à 1885 ; maître de conférences de philosophie, 1885 à 1886.

Ludovic Carrau, né 1842, docteur 1870, maître de conférences d'histoire de la philosophie, novembre 1881 ; directeur des conférences de philosophie, 31 juillet 1885 ; professeur adjoint assimilé aux titulaires, 24 mars 1888.

Beljame, né 1842, docteur 1881, maître de conférences de langue et littérature anglaises, novembre 1881 ; complémentaire, février 1887, professeur adjoint, assimilé aux titulaires, 16 février 1895.

Rambaud, né 1842, docteur 1870, complémentaire d'histoire moderne, novembre 1881 ; professeur d'histoire moderne et contemporaire, 1er janvier 1884.

VIII. Décanat Himly (18 novembre 1881).

Giry, né 1848, auxiliaire sciences auxiliaires de l'histoire, décembre 1881 à mars 1885.

Chatelain, né 1851, auxiliaire paléographie latine, décembre 1881.

Lange, né 1842, docteur 1879, chargé de conférences de langue et littérature allemandes, décembre 1881.

Jacob, né 1847, auxiliaire philologie grecque, mars à octobre 1882.

Gœlzer, né 1853, auxiliaire philologie latine, mars 1882, chargé de conférences de grammaire et philologie, novembre 1882 ; docteur 1884 ; maître de conférences, mars 1884 à octobre 1891 ; chargé d'une conférence de grammaire comparée, août 1892.

Petit de Julleville, né 1841, docteur 1868, suppléant de la chaire de poésie française (Lenient), mai 1882 à octobre 1886 ; directeur d'études pour les lettres, octobre 1886 ; professeur adjoint assimilé aux titulaires, 22 novembre 1886.

Lallier, né 1845, docteur 1875, maître de conférences de langue et littérature latines, octobre 1882 ; mort 29 juillet 1884.

Paul Girard, né 1852, docteur 1881, maître de conférences de langue et institutions grecques, 5 janvier 1883 à
1er novembre 1893.

56. DARMESTETER (Arsène), né 1846 (*voyez* 1877), professeur de
littérature française du moyen âge et histoire de la langue française, 15 janvier 1883 ; mort 16 novembre 1888.

Marion, né 1846, docteur 1880, complémentaire de
science de l'éducation, 8 août 1883 ; professeur de science
de l'éducation, 1er mars 1887.

Berlin, né 1833, docteur 1879, libre de littérature française, 7 novembre 1883.

Collignon, né 1849, docteur 1878, suppléant de la
chaire d'archéologie (Perrot), 8 novembre 1883, professeur
adjoint assimilé aux titulaires, 25 janvier 1892.

Seignobos, né 1854, docteur 1882, libre d'histoire,
16 novembre 1883 ; chargé de conférences de pédagogie
(sciences historiques), 6 décembre 1890 ; chargé d'un
cours d'histoire moderne (Lavisse), 26 juillet 1898 à octobre 1899 ; maître de conférences de pédagogie des sciences historiques, 24 juillet 1898.

Mispoulet, né 1849 (docteur en droit), libre d'institutions romaines, 10 décembre 1883 à 1890.

57. RAMBAUD (Alfred-Nicolas), né 1842 (*voyez* 1881), professeur
d'histoire moderne et contemporaine, 1er janvier 1884 ; ministre
de l'instruction publique, 29 avril 1896 à 28 juin 1898.

Jules Martha, né 1853, docteur 1882, maître de conférences suppléant de langue et littérature latines (Lallier),
24 avril 1884 ; maître de conférences, 25 octobre 1884 à
juin 1891 ; chargé d'un cours de littérature latine (Martha),
30 juillet 1892 ; professeur d'éloquence latine, 22 novembre 1895.

Larroumet, né 1852, docteur 1882, maître de conférences de littérature française, 28 octobre 1884 ; en congé
comme délégué à la Direction des Beaux-Arts, 4 avril
1888 ; chargé d'un cours de langue et littérature françaises, 31 juillet 1891.

Hauvette (Amédée), né 1856, docteur 1885, maître de
conférences de littérature grecque, 20 janvier 1885 ; professeur adjoint assimilé aux titulaires, 16 février 1895.

Luchaire, né 1846, docteur 1877, complémentaire de
sciences auxiliaires de l'histoire, 23 mars 1885 ; chargé
d'un cours d'histoire du moyen âge (Fustel de Coulanges),
26 juillet 1888 ; professeur d'histoire du moyen âge, 6 décembre 1889.

Ribot, né 1839, docteur 1873, complémentaire de philosophie (doctrines de la psychologie expérimentale),
31 juillet 1885 à 18 février 1888.

Boutroux, né 1845, docteur 1874, complémentaire de
philosophie (philosophie allemande), 31 juillet 1885 ; professeur d'histoire de la philosophie moderne, 1er mars 1888.

Dubois, né 1856, docteur 1884, maître de conférences

de géographie, 13 octobre 1885 ; professeur de géographie coloniale, 16 mai 1893.

58. CROISET (Marie-Joseph-Alfred), né 1845 (*voyez* 1877) ; professeur d'éloquence grecque, 27 novembre 1885 ; assesseur pour trois ans, 14 mars 1895 ; doyen pour trois ans, 1er novembre 1898, sur présentation de deux candidats par la Faculté.

59. BERGAIGNE (Abel-Henri-Joseph), né 1838 (*voyez* 1877) ; professeur de sanscrit et de grammaire comparée des langues indo-européennes, 27 décembre 1885 ; mort 6 août 1888.

60. LAVISSE (Ernest), né 1842 (*voyez* 1880) ; professeur adjoint assimilé aux titulaires, 28 décembre 1885 ; professeur d'histoire moderne, 1er mars 1888.

Cartault, né 1847, docteur 1881, chargé d'un cours de littérature latine, poésie, (Benoist), 3 février 1886 ; professeur de poésie latine, 23 décembre 1887.

Aulard, né 1849, docteur 1877, chargé du cours d'histoire de la Révolution française (fondation de la ville de Paris), 9 février 1886 ; professeur d'histoire de la Révolution française, 23 mars 1891.

61. BOUCHÉ-LECLERCQ (Louis-Auguste-Thomas), né 1842 (*voyez* 1879) ; professeur adjoint assimilé aux titulaires, 17 juillet 1886 ; complémentaire d'histoire ancienne, juillet 1887 ; professeur d'histoire ancienne, 23 décembre 1887.

Monin, né 1854, docteur 1885, libre d'histoire, 26 juillet 1886 à février 1887.

Decharme, né 1839, docteur 1869, chargé d'un cours de littérature grecque, poésie (Jules Girard), 17 novembre 1886 ; professeur adjoint assimilé aux titulaires, 16 avril 1889.

62. PETIT DE JULLEVILLE (Louis-Eugène-Casimir), né 1841 (*voyez* 1882) ; professeur adjoint assimilé aux titulaires, 22 novembre 1886 ; professeur de littérature française du moyen âge et histoire de la langue française, 8 mars 1889 ; assesseur pour trois ans, décembre 1898.

Séailles, né 1852, docteur 1884, maître de conférences de philosophie, 13 décembre 1886 ; directeur des conférences de philosophie, 13 novembre 1893 ; professeur de philosophie, 18 décembre 1898.

Baret, né 1843, docteur (de Bordeaux) 1883, chargé de conférences de langue anglaise, 12 février 1887.

Rochemonteix (de), né 1849 (diplômé des hautes études), libre d'histoire ancienne des peuples orientaux, 25 février 1887 ; mort 30 décembre 1891.

63. MARION (Henri-François), né 1846 (*voyez* 1883), professeur de science de l'éducation, 1er mars 1887 ; mort 5 avril 1896.

64. CARTAULT (Augustin-Georges-Charles), né 1847 (*voyez* 1886), professeur de poésie latine, 23 décembre 1887.

Guiraud, né 1850, docteur 1879 ; complémentaire d'histoire ancienne, 16 janvier 1888 ; professeur adjoint assimilé aux titulaires, 29 novembre 1894.

65. BOUTROUX (Étienne-Émile-Marie), né 1845 (*voyez* 1885), professeur d'histoire de la philosophie moderne, 1er mars 1888.

66. Pigeonneau (Henri-Émile-Augustin), né 1834 (*voyez* 1878); professeur adjoint assimilé aux titulaires, 24 mars 1888; mort 30 mai 1892.

67. Carrau (Victor-Marie-Joseph-Ludovic), né 1842 (*voyez* 1881); professeur adjoint assimilé aux titulaires, 24 mars 1888; mort 21 février 1889.

Dejob, né 1847, docteur 1881, chargé de conférences de littérature française (Larroumet), 30 avril 1888 à août 1891; maître de conférences de langue et littérature françaises, 23 novembre 1894; chargé d'une conférence de langue française, 27 juillet 1895.

Langlois, né 1863, docteur 1887, complémentaire de sciences auxiliaires de l'histoire, 26 juillet 1888.

Henry, né 1850, docteur 1883, chargé d'un cours de grammaire comparée, 31 décembre 1888, professeur de sanscrit et de grammaire comparée des langues indo-européennes, 28 décembre 1894.

Thomas, né 1857, docteur 1884, complémentaire de philologie romane, 11 mars 1889; professeur adjoint assimilé aux titulaires, 27 juin 1899.

68. Lichtenberger (Charles-Ernest), né 1847 (*voyez* 1880), professeur adjoint assimilé aux titulaires, 16 avril 1889, professeur de littérature étrangère, 29 juillet 1899.

69. Decharme (Jean-Baptiste-François-Paul), né 1839 (*voyez* 1886); professeur adjoint assimilé aux titulaires, 16 avril 1889, professeur de poésie grecque, 8 décembre 1891.

Cahun, né 1841, (bibliothécaire à la Mazarine), libre d'histoire de l'Asie centrale, juillet 1889.

Brochard, né 1848, docteur 1879, chargé des fonctions de directeur des conférences de philosophie, 30 juillet 1889, chargé d'un cours d'histoire de la philosophie ancienne (Waddington), 12 novembre 1892; d'un cours d'histoire de la philosophie moderne (Boutroux), 7 novembre 1893; d'un cours d'histoire de la philosophie ancienne, 31 juillet 1894; professeur d'histoire de la philosophie ancienne, 28 décembre 1894.

Lemonnier, né 1842, docteur 1887, chargé d'un cours d'histoire moderne (Lavisse), 30 juillet 1889 à octobre 1892, d'un cours d'histoire de l'art, 29 juillet 1893, professeur d'histoire de l'art, 29 juillet 1899.

Sylvain Lévi, né 1863, docteur 1890, complémentaire de sanscrit, 30 juillet 1889 à décembre 1894.

70. Luchaire (Denis-Jean-Achille), né 1846 (*voyez* 1885), professeur d'histoire du moyen âge, 6 décembre 1889.

Gardair, né 1846, libre de philosophie de saint Thomas d'Aquin, février 1890 à 1895.

Faguet, né 1847, docteur 1883, chargé d'un cours de littérature française (Lenient), 12 décembre 1890 à 1er novembre 1891 et 4 novembre 1893 à janvier 1897; professeur de poésie française, 31 janvier 1897.

Bréal, né 1832, docteur 1863, chargé de conférences

sur les méthodes de l'enseignement secondaire, janvier à mars 1891 et février à mars 1892.

71. AULARD (François-Victor-Alphonse), né 1849 (*voyez* 1886), professeur d'histoire de la Révolution française (fondation de la ville de Paris), 23 mars 1891.

Thoulet, né 1843, (professeur à la faculté des sciences de Nancy), libre d'océanographie, mars à juin 1891.

Lafaye, né 1854, docteur 1884, maître de conférences de langue et littérature latines, 31 juillet 1891 ; directeur d'études pour les lettres et la philologie, 10 juin 1899.

Brunot, né 1860, docteur 1891, maître de conférences de grammaire, 19 novembre 1891.

Passy (Paul), né 1859, docteur 1891, libre de phonétique, novembre 1891 à 1893.

72. COLLIGNON (Léon-Maxime), né 1849 (*voyez* 1883), professeur adjoint assimilé aux titulaires, 25 janvier 1892.

Amélineau, né 1850, docteur 1888, libre d'histoire de la civilisation égyptienne, février à juin 1892.

Grébaut, né 1846, (ancien directeur général des musées égyptiens), chargé d'un cours d'histoire des peuples de l'Orient, 16 novembre 1892.

Brunetière, né 1849 (maître de conférences à l'École Normale Supérieure), libre de littérature française, novembre 1892 à 1894.

73. DUBOIS (Édouard-Marcel), né 1856 (*voyez* 1885), professeur de géographie coloniale, 16 mai 1893 (fondation du Ministère des Colonies).

Gallois, né 1857, docteur 1891, maître de conférences de géographie, 29 juillet 1893 à 19 décembre 1898.

Puech, né 1860, docteur 1888, maître de conférences de langue et littérature grecques, 4 novembre 1893.

Egger (Victor), né 1848, docteur 1881, chargé d'un cours de philosophie, 7 novembre 1893.

Munier-Jolain, né 1854, (avocat à la Cour d'Appel de Paris), libre de littérature française, décembre 1893.

Debidour, né 1847, docteur 1877, libre d'histoire, janvier 1894 à 1895.

Reinach (Théodore), né 1860, docteur 1890, libre d'archéologie, janvier 1894 à 1897.

Espinas, né 1844, docteur 1877, chargé d'un cours d'histoire de l'économie sociale (fondation comtesse de Chambrun), 16 mars 1894, professeur adjoint assimilé aux titulaires, 27 juin 1899.

74. GUIRAUD (Paul), né 1850 (*voyez* 1888), professeur adjoint assimilé aux titulaires, 29 novembre 1894.

75. GAZIER (Augustin), né 1844 (*voyez* 1880), professeur adjoint assimilé aux titulaires, 29 novembre 1894.

Albert Le Roy, né 1856, docteur 1842, libre de littérature française, décembre 1894.

76. HENRY (Victor), né 1850 (*voyez* 1888), professeur de sans-

crit et de grammaire comparée des langues indo-européennes,
28 décembre 1891.

77. Brochard (Victor), né 1848 (*voyez* 1889), professeur d'histoire de la philosophie ancienne, 28 décembre 1891.

Normand, né 1848, docteur 1884, libre d'histoire, janvier 1895 à 1896.

78. Beljame (Alexandre), né 1842 (*voyez* 1881), professeur adjoint assimilé aux titulaires, 16 février 1895.

79. Zeller (Berthold), né 1848 (*voyez* 1880), professeur adjoint
assimilé aux titulaires, 16 février 1895, mort 31 mars 1899.

80. Hauvette (Amédée), né 1856 (*voyez* 1885), professeur adjoint assimilé aux titulaires, 16 février 1895, directeur d'études
pour les lettres et la philologie, 30 juillet 1896 à 5 avril 1899.

81. Martha (Jules), né 1853 (*voyez* 1884), professeur d'éloquence latine, 22 novembre 1895.

Edet, né 1854 (professeur de rhétorique à Henri IV),
chargé d'une conférence de latin, 23 novembre 1895 ; des
fonctions de maître de conférences de latin, 30 juillet 1896.

Stroehlin, né 1844, (professeur honoraire à l'Université de Genève), libre de littérature anglaise, janvier 1896
à 1898.

Griveau, né 1851, libre d'esthétique, janvier à juin
1896.

Denis, né 1849, docteur 1878, chargé d'un cours d'histoire moderne et contemporaine (Rambaud), 24 décembre
1895.

Daurlac, né 1847, docteur 1878, libre d'esthétique mu-
sicale, avril 1896.

82. Buisson (Ferdinand), né 1841, docteur 1891, professeur
de science de l'éducation, 2 juillet 1896.

Henry Michel, né 1857, docteur 1895, chargé d'un
cours complémentaire d'histoire des doctrines politiques,
3 juillet 1896.

Poiret, né 1832, docteur 1886, libre de syntaxe latine,
décembre 1896.

83. Faguet (Émile), né 1847 (*voyez* 1890), professeur de poésie française, 31 janvier 1897.

Andler, né 1866, docteur 1897, chargé d'une conférence d'allemand (Lichtenberger), décembre 1897.

Deschamps (Gaston), né 1861, libre de littérature française, janvier 1898.

Morel, né 1850, docteur 1895, libre de littérature anglaise, mai 1898 à 1899.

IX. Décanat Croiset (1er novembre 1898).

Lacour-Gayet, né 1856, docteur 1888, chargé de conférences d'histoire, 21 novembre 1898 à juillet 1899.

Janet (Pierre), né 1859, docteur 1889, chargé d'un cour

complémentaire de psychologie expérimentale (fondation
de l'Université de Paris), 31 octobre 1898.

84. Vidal de la Blache (Paul), né 1845, docteur 1872, professeur de géographie, 18 décembre 1898.

85. Séailles (Gabriel), né 1852 (*voyez* 1886), professeur de
philosophie, 18 décembre 1898.

Lévy-Brühl, né 1857, docteur 1884, maître de conférences de philosophie, 20 janvier 1899; directeur des conférences de philosophie, 10 juin 1899.

Rieffel-Schirmer, né 1863, docteur 1893, maître de
conférences de géographie, 20 janvier 1899.

86. Espinas (Alfred), né 1844 (*voyez* 1894), professeur adjoint
assimilé aux titulaires, 27 juin 1899.

87. Thomas (Antoine), né 1857 (*voyez* 1889), professeur adjoint assimilé aux titulaires, 27 juin 1899.

Fougères, né 1863, docteur 1898, maître de conférences
de langue et littérature grecques, 24 juillet 1899.

Revon, né 1867, docteur 1896, chargé d'un cours complémentaire d'histoire des civilisations de l'Extrême-Orient
(fondation de l'Université de Paris), 24 juillet 1899.

88. Lemonnier (Henri), né 1842 (*voyez* 1889), professeur d'histoire de l'art (fondation de l'Université de Paris), 29 juillet 1899.

Diehl, né 1859, docteur 1888, chargé d'un cours complémentaire d'histoire Byzantine, 29 juillet 1899.

C

DOCTEURS DE LA FACULTÉ DES LETTRES DE PARIS
1811 A 1899.

Le chiffre à gauche du nom indique le rang du docteur dans l'ordre chronologique des réceptions ; le chiffre à droite, l'année de soutenance.

L'astérisque désigne les docteurs qui, à un titre quelconque, ont enseigné à la Faculté ou pris part à son administration ; il est double pour les professeurs, triple pour les doyens.

539. — Adam, 1885.
264. — Albert (Paul), 1858.
510. — Albert (Maurice), 1883.
827. — Alengry, 1899.
650. — Allais, 1891.
630. — Allègre, 1891.
581. — *Amélineau, 1888.
33. — Anceau, 1817.
781. — Andler, 1897.
676. — Angellier, 1893.
37. — Anot de Mézières, 1818.
24. — Ansart, 1816.
502. — Antoine, 1883.
802. — Ardaillon, 1898.
577. — Arnaud, 1887.
134. — **Arnould, 1842.
805. — Arnould (Louis), 1898.
129. — Arnould Frémy, 1843.
63. — Assollant, 1826.
288. — Aubé, 1861.
256. — Aubertin, 1857.
818. — Audouin, 1899.
582. — Auerbach, 1888.
423. — **Aulard, 1877.

95. — Bach, 1836.
351. — Baguenault de Puchesse, 1870.
824. — Baldensperger, 1899.
584. — Barberet, 1888.
62. — **Barblé du Bocage (Alexandre), 1826.
209. — Baret (Pierre), 1853.
435. — Baret (Paul-Émile), 1878.
177. — Barni, 1849.
19. — Baron, 1814.
644. — Baron (Charles), 1891.

168. — Barret (abbé), 1848.
80. — Barry, 1832.
176. — Bartholmess, 1849.
777. — Basch, 1897.
656. — Batiffol (abbé), 1892.
710. — Batiffol (Louis), 1894.
52. — Baudon-Desforges, 1823.
616. — Baudrillart, 1890.
280. — Baunard (abbé), 1866.
25. — Bautain, 1816.
447. — Bayet, 1879.
324. — Bazin (Hugues), 1866.
546. — Bazin (Hippolyte), 1886.
88. — Bazy, 1833.
518. — Beaudouin, 1884.
285. — Beaufils, 1861.
337. — Beaussire, 1855.
768. — Becker, 1897.
687. — Bédier, 1893.
484. — **Beljame, 1881.
436. — Bellanger (abbé), 1877.
744. — Bellon (abbé), 1896.
370. — Belot, 1873.
531. — Bémont, 1884.
92. — Bénard, 1836.
639. — Bénard (Léon), 1891.
157. — Benloew, 1847.
295. — **Benoist (Eugène), 1862.
416. — Benoist (Antoine), 1877.
145. — *Benoît, 1846.
779. — Benoît (François), 1897.
709. — Bérard, 1894.
415. — **Bergaigne, 1877.
117. — **Berger, 1840.
691. — Berger (Samuel), 1893.
723. — Berger (Élie), 1895.
614. — Bergson, 1889.

294. — *Chasles (Émile), 1862.
202. — Chassang, 1852.
229. — Chauvet, 1855.
557. — Chenevière, 1886.
175. — *Chéruel, 1849.
701. — Chevrillon, 1894.
39. — Chopin, 1818.
282. — Chotard, 1860.
564. — Chuquet, 1887.
3. — Cinttierre Saint-Amand, 1812.
465. — Clairin, 1880.
643. — Claretie, 1891.
341. — Clavel, 1868.
444. — Clédat, 1879.
692. — Clerc, 1893.
721. — Clerval (abbé), 1895.
164. — Colincamp, 1848.
433. — **Collignon (Maxime), 1878.
673. — Collignon (Albert), 1892.
467. — Colsenet, 1880.
697. — Combarieu, 1894.
261. — Combes, 1858.
372. — Compayré, 1873.
492. — Cons, 1882.
473. — Constans, 1880.
562. — Cosneau, 1887.
787. — Couailhac (abbé), 1898.
395. — Couat, 1875.
254. — Cougny, 1857.
823. — Courbaud, 1899.
258. — Courdaveaux, 1858.
346. — Couret, 1869.
756. — Couturat, 1896.
613 — Coville, 1889.
389. — Cratiunesco, 1874.
373. — ***Croiset (Alfred), 1873.
384. — Croiset (Maurice), 1874.
307. — **Crouslé, 1864.
431. — Crozals, 1878.
136. — Cruice (abbé), 1844.
306. — *Cucheval, 1863.
572. — Cucuel, 1887.
587. — Curzon, 1888.

81. — Dabas, 1832.
301. — Damien, 1852.
23. — **Damiron, 1816.
251. — Dansin, 1857.
126. — Dareste (Cléophas), 1843.

182. — Dareste (Rodolphe), 1850.
422. — **Darmesteter (Arsène), 1877.
424. — Darmesteter (James), 1877.
167. — Daunas, 1848.
434. — *Dauriac, 1878.
428. — *Debidour, 1877.
137. — Debs, 1844.
345. — **Decharme, 1869.
538. — Decrue, 1885.
740. — Dedouvres (abbé), 1895.
788. — Dehérain, 1898.
487. — *Dejob, 1881.
637. — De la Broise (abbé), 1891.
45. — Delafosse, 1820.
640. — Delaporte (abbé), 1891.
77. — Delaunay (Émile-Athanase), 1831.
409. — Delaunay (Didier-Anne-Jérôme), 1876.
716. — De la Ville de Mirmont, 1894.
545. — Delaville-Leroulx, 1885.
658. — Delfour (abbé), 1892.
224. — Delondre, 1855.
267. — Deltour, 1859.
377. — Demimuid (abbé), 1873.
51. — Demons, 1823.
156. — Denis (Jacques-François), 1847.
437. — *Denis (Ernest-Antoine-Marc), 1878.
504. — Derepas, 1883.
32. — Derôme, 1817.
812. — Deschamps (Léon), 1899.
36. — Descuret, 1818.
300. — Desdevises du Dezert (Théophile-Alphonse), 1863.
603. — Desdevises du Dezert (Georges), 1889.
339. — Desdouits, 1868.
358. — Des Essarts (Langlois), 1871.
770. — Des Granges, 1897.
144. — Desjardins (Abel), 1845.
222. — Desjardins (Ernest), 1855.
262. — Desjardins (Arthur), 1858.
292. — Desjardins (Michel-Albert), 1862.
68. — Desprez, 1828.
60. — Destainville, 1826.

320. — Deville, 1866.
661. — Dewaule, 1892.
600. — *Diehl, 1888.
238. — Ditandy, 1856.
715. — Dodu, 1894.
759. — Dognon, 1896.
574. — Doncieux, 1887.
665. — Dorison, 1892.
576. — Dosson, 1887.
772. — Dottin, 1897.
598. — Douarche, 1888.
26. — Douy, 1816.
347. — Drapeyron, 1869.
272. — Dreyss, 1859.
548. — Droz, 1886.
276. — Druon, 1859.
269. — Dublef, 1859.
353. — Dubois (Timoléon-Au-
        guste-Adolphe), 1870.
530. — **Dubois (Marcel), 1884.
602. — Dubuc, 1889.
13. — Ducasau, 1813.
356. — Duchesne (Louis-Julien-
        Augustin), 1870.
414. — Duchesne (abbé Louis-Ma-
        rie-Olivier), 1877.
9. — Duconduit, 1812.
516. — Ducros, 1884.
678. — Dufayard, 1893.
758. — Dufour, 1896.
717. — Dugas, 1895.
330. — Dugit, 1867.
439. — Dumas (Étienne), 1878.
705. — Dumas (François), 1894.
240. — Duméril (Alfred-Émile-
        Sébastien), 1856.
507. — Duméril (Henri), 1883.
674. — Dumesnil, 1892.
357. — Dumont 1870.
528. — Dunan, 1884.
795. — Dupont, 1898.
819. — Duprat, 1899.
460. — Dupuy, 1880.
412. — Duquesnoy (abbé), 1877.
680. — Durkheim, 1893.
619. — Dürrbach, 1890.
206. — Duruy (Victor), 1853.
508. — Duruy (Georges), 1883.
16. — Dutrey, 1813.

85.   **Egger (Émile), 1833.
3.

489. — *Egger (Victor), 1881.
599. — Ehrhard, 1888.
59. — *Eichhoff, 1826.
813. — Eliade Pompiliu, 1899.
748. — Emmanuel, 1896.
571. — Ernault, 1887.
421. — **Espinas, 1877.
173. — *Étienne (Louis-Antoine-
        Luc-Thadée), 1849.
509. — Étienne (Maxime-Eugène),
        1883.
476. — Evellin, 1881.

608. — Fabia, 1889.
162. — Fabre (Marie-Antoine-
        Ferdinand-Timothée-
        Napoléon), 1848.
361. — Fabre (abbé Jacques-An-
        toine-Paul), 1871.
667. — Fabre (Paul), 1892.
249. — Faguet (Victor), 1857.
511. — **Faguet (Émile), 1883.
578. — Faligan, 1887.
413. — Farchi, 1877.
334. — Faugeron, 1868.
541. — Favre, 1885.
713. — Fécamp, 1894.
459. — Fernique, 1880.
119. — Ferrari, 1840.
298. — Ferraz, 1863.
70. — Feugère (Jean-Léon), 1829.
382. — *Feugère (Gaston), 1874.
391. — *Feugère (Anatole), 1874.
265. — Fèvre, 1858.
289. — Fialon, 1861.
111. — Filon, 1840.
567. — Firmery, 1887.
514. — Flammermont, 1883.
410. — Foncin, 1876.
696. — Font, 1894.
443. — Fontaine, 1879.
47. — Forgeot, 1822.
380. — Foucart (Paul), 1873.
765. — Foucart (Georges), 1897.
804. — *Fougères, 1898.
309. — Fouillée, 1872.
7. — Frémion, 1812.
35. — Fribault, 1817.
655. — *Froidevaux, 1892.
394. — Froment, 1874.
763. — Funck-Brentano, 1897.

259. — **Fustel de Coulanges, 1858.

56. — Gacher, 1824.
588. — Gachon, 1888.
344. — Gaffarel, 1869.
34. — Gail, 1817.
8. — Gaillard, 1812.
75. — Gaillardin, 1830.
792. — Galland, 1898.
629. — *Gallois, 1891.
221. — **Gandar, 1854.
113. — **Garnier, 1849.
14. — Garrigues, 1813.
454. — Gasquet, 1879.
392. — Gasté, 1874.
54. — Gatien-Arnould, 1823.
401. — **Gazier, 1875.
494. — Gebelin, 1882.
279. — **Gebhart, 1860.
165. — **Geffroy, 1848.
407. — Gérard, 1876.
815. — Gérard-Varet, 1899.
118. — Germain, 1840.
102. — **Géruzez, 1838.
252. — Gidel, 1857.
220. — **Girard (Jules), 1854.
490. — *Girard (Paul), 1881.
766. — Gobin, 1897.
798. — Goblot, 1898.
704. — Godfernaux, 1894.
402. — Gonnet (abbé), 1876.
523. — *Goelzer, 1884.
268. — Goumy, 1859.
166. — Gouraud, 1848.
87. — Gourgas, 1833.
247. — Goux (abbé), 1856.
749. — Grammont, 1896.
328. — Gratacap, 1866.
474. — *Graux, 1881.
325. — Gréard, 1866.
248. — Grégoire, 1857.
333. — Grisy, 1868.
91. — Gros, 1835.
321. — Grucker, 1866.
699. — Gsell, 1894.
226. — Guardia, 1855.
239. — Guérin, 1856.
483. — Guerrier, 1881.
309. — Guibal, 1864.
31. — Guichemerre, 1817.

89. — **Guigniaut, 1835.
158. — Guillemin, 1847.
590. — Guillon, 1888.
452. — **Guiraud (Paul), 1879.
740. — Guiraud (Jean), 1896.
809. — Guy (Henri), 1898.

349. — Hallberg, 1869.
79. — Hamel, 1832.
741. — Hannequin, 1895.
211. — Hanriot, 1853.
793. — Harmand, 1898.
178. — Hatzfeld, 1850.
714. — Haumant, 1894.
663. — Hauser, 1892.
526. — Haussoullier, 1884.
533. — **Hauvette, 1885.
127. — *Havet (Ernest), 1843.
470. — *Havet (Louis), 1880.
225. — Heinrich, 1855.
363. — Hemardinquer, 1872.
132. — Henne, 1843.
506. — **Henry (Victor), 1883.
313. — Hignard, 1864.
478. — Hild, 1881.
287. — Hillebrand, 1861.
171. — ***Himly, 1849.
427. — Hinstin, 1877.
561. — Homolle, 1886.
245. — Hubault, 1856.
100. — Huet, 1838.
317. — Hugonin (abbé), 1854.
332. — Huguenin, 1855.
274. — Hugues, 1859.
712. — Huguet, 1894.
376. — Huit, 1873.
4. — Humbert, 1812.

636. — Imbart de la Tour, 1891.
718. — Izoulet, 1895.

263. — Jacobs, 1858.
98. — Jacques, 1837.
565. — Jacquet, 1887.
302. — Jacquinet, 1863.
50. — Jalade, 1823.
212. — Jallabert (abbé), 1853.
168. — **Janet (Paul), 1848.
611. — *Janet (Pierre), 1889.
46. — Janson, 1821.
654. — Jaurès, 1892.

188. — Javary, 1851.
332. — Jeannel, 1867.
610. — Jeanroy, 1889.
698. — Job, 1894.
48. — Joly, 1822.
250. — Joly (Nicolas-Aristide), 1857.
348. — *Joly (Henri), 1869.
396. — Joret 1875.
27. — **Jouffroy, 1816.
99. — Jourdain, 1838.
456. — Joyau, 1879.
522. — Jullian, 1884.
94. — Jullien (Marcel-Bernard), 1836.
558. — Jullien (Emile), 1886.
228. — Jung, 1855.
308. — Klipfell, 1864.
816. — Kontz, 1899.
497. — Krantz, 1882.
120. — Labitte, 1841.
512. — La Blanchère, 1883.
360. — Lachelier, 1871.
146. — *Lacroix (Pierre-Louis), 1846.
632. — Lacroix (abbé Lucien), 1891.
593. — *Lacour-Gayet, 1888.
73. — Ladevi, 1829.
84. — Lafaist, 1833.
520. — *Lafaye, 1884.
811. — Laffay (abbé), 1899.
78. — Laigle, 1831.
822. — Lalande, 1899.
189. — Lalanne (abbé), 1851.
591. — Lallemand (abbé), 1888.
397. — *Lallier, 1875.
440. — *Lange, 1879.
568. — *Langlois (Charles-Victor), 1887.
634. — Langlois (Ernest), 1891.
580. — Lanson, 1887.
386. — *Lantoine, 1874.
685. — Lanusse, 1893.
17. — Larauza, 1813.
638. — Laronze, 1891.
66. — Larroque, 1827.
500. — *Larroumet, 1882.
69. — Larthe, 1828.
549. — Lauret, 1886.

181. — Lavigerie (abbé), 1850.
399. — **Lavisse, 1875.
343. — Lavollée, 1869.
604. — Lebarq (abbé), 1889.
71. — Lebas, 1829.
404. — Lebègue, 1876.
196. — Leblanc (abbé), 1852.
742. — Le Breton, 1896.
86. — Lechat, 1833.
38. — Lecouturier, 1818.
586. — Lécrivain, 1888.
727. — Lefèvre, 1895.
131. — Lefranc, 1843.
49. — Legay, 1822.
338. — Léger, 1868.
314. — Legoff, 1865.
753. — Legouis, 1896.
336. — Legrand, 1868.
799. — Legrand (Ph. E.), 1898.
769. — Legras, 1897.
311. — Legrelle, 1864.
445. — Lehanneur, 1879.
775. — Lehugeur, 1897.
53. — *Lemaire (Auguste), 1823.
503. — Lemaître, 1883.
601. — Lemercier, 1889.
184. — Lemoine, 1850.
575. — **Lemonnier, 1887.
233. — **Lenient, 1855.
101. — *Lenormant, 1838.
379. — Léotard, 1873.
666. — *Le Roy, 1892.
525. — Lesbazeilles, 1884.
194. — Lescœur, 1852.
216. — Levasseur, 1854.
300. — *Levêque, 1852.
628. — *Lévi (Sylvain), 1890.
532. — *Lévy Brühl, 1884.
304. — Lezat (abbé), 1872.
381. — Liard, 1874.
429. — **Lichtenberger (Ernest), 1878.
645. — Lichtenberger (Henri), 1891.
734. — Lichtenberger (André), 1895.
583. — Lintilhac, 1888.
745. — Lion, 1896.
203. — Lisle, 1853.
323. — Loiseau, 1866.
605. — Looten, 1889.

726. — Lorin, 1895.
123. — 'Lorquet, 1841.
513. — Loth, 1883.
378. — Loubers, 1873.
12. — Loyson, 1813.
278. — Luce, 1860.
417. — **Luchaire, 1877.
406. — Luguet, 1876.
597. — Lyon, 1888.

488. — Mabilleau, 1881.
149. — Macé, 1846.
342. — Maignen, 1856.
800. — Maigron, 1898.
430. — Maillet, 1878.
783. — Malapert, 1897.
817. — Mâle, 1899.
74. — Mallet, 1829.
735. — Malnory (abbé), 1895.
801. — Malotet, 1898.
398. — Mamet, 1875.
615. — Marchand, 1890.
273. — 'Marcou, 1859.
223. — Margerie, 1855.
579. — Mariéjol, 1887.
463. — **Marion, 1880.
659. — Marion (Marcel), 1892.
64. — Marrast (Armand), 1826.
215. — **Martha (Constant), 1854.
493. — **Martha (Jules), 1882.
93. — Martin (Thomas-Henri),
    1836.
172. — 'Martin (Henri), 1849.
556. — Martin (Albert), 1886.
711. — Martin (Francelin), 1894.
371. — Maspéro, 1873.
560. — Masqueray, 1886.
746. — Masqueray (Paul), 1896.
438. — Massebieau, 1878.
761. — Masson, 1896.
293. — Mastier, 1862.
244. — Maurial, 1856.
662. — Maury, 1892.
722. — Mauxion, 1895.
283. — Mayer, 1860.
770. — Meillet, 1897.
281. — Menard, 1860.
527. — Mention, 1884.
463. — Mercier, 1880.
554. — Mérimée, 1886.
312. — Mervoyer, 1864.

82. — Mesnard, 1832.
253. — Meunier, 1857.
790. — Meuriot, 1898.
65. — Meylinck, 1827.
22. — Mézières, 1816.
208. — **Mézières (Alfred), 1853.
147. — Michel (Fr.), 1846.
737. — 'Michel (Henry), 1895.
40. — 'Michelet, 1819.
266. — Michon, 1859.
702. — Milhaud, 1894.
331. — Millet, 1867.
275. — Moël, 1859.
719. — Moisant (abbé), 1895.
471. — Molinier, 1880.
551. — Monceaux, 1886.
192. — Moncourt, 1851.
67. — Mondelot, 1828.
83. — Monin (Henri), 1832 et
    1833.
534. — 'Monin (Hippolyte), 1885.
213. — Monnier (Jean-François),
    1853.
326. — Monnier (Charles-Emile),
    1866.
440. — Montaut (abbé), 1878.
163. — Montet, 1848.
139. — Monty, 1844.
738. — Morel, 1895.
596. — Morillot, 1888.
154. — Morin, 1847.
236. — Mourin, 1856.
405. — Moy, 1876.

773. — Neboul, 1897.
193. — Nicolas (Alexandre), 1851.
290. — Nicolas (Benjamin), 1862.
142. — Nisard (Auguste), 1845.
669. — Nolhac (de), 1892.
403. — Nolen, 1876.
521. — 'Normand, 1884.
195. — Nourrisson, 1852.

464. — Ollé-Laprune, 1880.
121. — Olleris, 1841.
210. — Ouvré, 1853.
706. — Ouvré (Henri), 1894.
106. — **Ozanam, 1839.

419. — Pâquier, 1877.
803. — Parigot, 1898.

174. — *Zeller (Jules), 1849.
469. — **Zeller (Berthold), 1880.
480. — Zeller (Jean), 1881.

138. — Zévort (Charles-Marie) 1844.
458. — Zévort (Edgard), 1880.
786. — Zyromski, 1898.

DOCTORAT D'UNIVERSITÉ

1. — de Mandach, 1899.

2. — Gavrilovitch, 1899.

DEUXIÈME PARTIE

D

BOURSIERS D'AGRÉGATION
DE LA FACULTÉ DES LETTRES DE PARIS, 1880 A 1899

L'astérisque désigne les boursiers de la Faculté devenus
agrégés de l'Université.

1880.

Besson*.
Bonnerot*.
Caldemaison*.
Chabault*.
Fleurot*.
Fraizier*.
Gley.
Lesbazeilles*.
Martineau.
Plion.
Psichari*.
Rébouis.
Salone*.
Trémolet*.
Trenel*.
Uri*.

1881.

Æschimann*.
Agoulon*.
Bauer
Becker*.
Billaz*.
Bouvier*.
Campagnac*.
Colardeau*.
Coussé.
Coville*.
Delbœuf.
Douheret*.
Dupont*.
Duval (Léonce)*.
Egger*.
Genevray*.
Lapierre (de)*.
Lebras.
Magnant*.

1881 (suite).

Mithridate*.
Nouette-Delorme.
Oyon.
Pauthier*.
Picavet*.
Posth*.
Reboul*.
Robineau*.
Salpetier*.
Tarsot.
Thirion*.
Tonnelier.
Wattecamps*.

1882.

Berger*.
Bernard*.
Berthelot*.
Bideaux.
Bornarel*.
Boulin*.
Bourgeois.
Bruneau*.
Collin.
Damenez*.
Devillard*.
Duchesne*.
Durand*.
Dᴵˡᵉ Gille*.
Guitard*.
Izenic*.
Lebasteur*.
Lecoq*.
Lévi (Sylvain)*.
Ligeret*.
Lion*.
Lombard*.

1882 (suite).

Meuriot*.
Missolfe*.
Pascal*.
Rémon*.
Sisson.
Théry.
Thomas (Félix)*.
Waddington*.
Ythier.

1883.

Berret*.
Bourdès.
Chevaldin*.
Chollet*.
Dériat*.
Desdevises du Dézert*.
Diard*.
Doliveux*.
Domange*.
Duringer.
Duvau*.
Gasc-Desfossés.
Gazel*.
Gœll.
Jamet*.
Jeannest.
Langlois*.
Legouis*.
Lerot*.
Marillier*.
Maurin*.
Maury*.
Mey*.
Rohl.
Rouhier.
Salesses.

1883 (suite).

Schœll*.
Schrœder*.
Souchon.
Thibaudeau.
Thomas (Jules)*.
Zidler*.

1884.

Dlle Barbezat*.
Baron (Charles)*.
Basch*.
Bastergue*.
Beaujard.
Bourgoin*.
Boy.
Bureau.
Castan.
Chabrier*.
Collière.
Compain*.
Courtier.
Debray*.
Delacroix*.
Delgrange*.
Delvaille*.
Des Granges*.
Devaussanvin*.
Dubois*.
Duval (Marius).
Duval (Placide)*.
Ferté*.
Feschotte.
Haury*.
Jeanneret*.
Le Goffic*.
Loyer*.
Malapert*.
Martin*.
Masqueray*.
Millière.
Moniot*.
Parnin*.
Payot*.
Perrard*.
Proust.
Remy-Claude.
Wahl*.

1885.

Amiot*.
Arnould*.
Audollent*.
Besson*.
Bourdon*.
Chevrillon*.
Crépin*.
Ferréol*.
Florisoone*.
Froidevaux*.
Gérard-Varet*.
Glorieux*.
Grenier*.
Henry (Gaston)*.
Hugand*.
Lamothe.
Lautard*.
Lemarquis*.
Lemoine.
Monet*.
Mongin*.
Monscourt*.
Nicolas*.
Prat.
Quillard.
Reguier.
Sée*.
Séris*.
Dlle Taubels.

1886.

Audouin*.
Barbeau*.
Bauer*.
Bohême*.
Cantecor*.
Devaux*.
Gasc-Desfossés*.
Gouyet*.
Dlle Grousset*.
Hauvette*.
Jovy.
Kont*.
Ledos.
Le Goupils*.
Le Parquier*.
Le Téo*.
Maquet*.
Meyer*.
Minssen*.

1886 (suite).

Navarre*.
Potier.
Rayot*.
Rethoré.
Ribéry.
Seguin*.
Dlle Soult*.
Thizy.

1887.

Bellessort*.
Benoist*.
Boillot.
Bollon*.
Bourdeauducq*.
Bousquet*.
Boyer*.
Carayon.
Desfeuilles*.
Dubois (Julien)*.
Dumur.
Gaschet*.
Hachette*.
Henry (Émile)*.
Hovelaque*.
Jamin.
Laurent.
Legrand*.
Lévy (Fernand)*.
Mautouchet.
Meillet*.
Pagès.
Pariset*.
Parmentier*.
Petit*.
Potel*.
Réville*.
Travers*.
Weill*.

1888.

Batiffol.
Benassy*.
Bérenger.
Bonnel*.
Dlle Cahn*.
Cart*.
Charlety*.
Daussel*.
Guy*.

1888 (suite).

Harmand*.
Hervieu.
Leclère.
Dlle Lorentz*.
Marrel.
Matton*.
Mutterer*.
Pécaut*.
Philippe.
Poimbœuf.
Poux.
Dlle de Pozzi.
Prentout*.
Provendier.
Saint-Mleux*.
Schœn*.
Veil*.
Wahart*.
Wormser*.

1889.

Appuhn*.
Ascher*.
Boige.
Bône*.
Chazottes.
Coffin.
Coricou.
Duplessis-Kergomard*
Dupont-Ferrier*.
Duvergé*.
Georgin*.
Jublen.
Lafoscade*.
Laumonier*.
Lévy (Léon)*.
Lugné-Philipon.
Martin*.
Millet*.
Passerat*.
Pichon*.
Revellin.
Ribler (de)*.
Dlle Robert.
Rougé*.
Tisserand*.

1890.

Abit*.
Auzou*.
Beumann.

1890 (suite).

Brehier*.
Charvet*,
Colin (Gaston)*.
Coster*.
Couderc*.
Coulon.
Delterme.
Dufour.
Dupuis.
Faivre.
Favier.
Fossey*.
Guignebert*.
Jassemin*.
Loiseau*.
Mahieu*.
Miot*.
Monod.
Prat*.
Dlle Rocheblave.
Thalamas*.
Vaugeois.
Wiriath*.

1891.

Barbelenet*.
Bloch*.
Bredin*.
Chauvin*.
Denis*.
Donnay*.
Fontaine*.
Foubert*.
Fouqueau.
Larroquette.
Lignée*.
Melin*.
Milhaud*.
Muller*.
Philippe*.
Rancès*.
Rodrigues*.
Schacher*.
Simon*.
Steeg*.
Tiveyrat.
Dlle Wersinger.

1892.

Baujard.
Benoit*.

1892 (suite).

Bernaux*.
Bouillon.
Bredin.
Burghard*.
Cazals*.
Charpentier.
Constant*.
Dubois.
Dlle Dupuy.
Echter.
Estève*.
Evain*.
Gasne*.
Germain.
Laple*.
Legendre*.
Pous*.
Rey*.
Thomas*.
Turquet.
Uhry.

1893.

Beley.
Bellin*.
Bernard*.
Dlle Bernard.
Bloch*.
Bourgogne*.
Charrot*.
Chauvin.
Citoleux*.
Conrad*.
Coudray.
Cury*.
Delacroix*.
Enoch*.
Falque.
Farand*.
Dlle Juhel.
Meyer (Edgard)*
Nougaret.
Pagnon.
Planes*.
Rigault.
Robert.
Rouvier.
Serrurot*.
Taboureux.
Wolff.

1894.

Azambre.
Bastide*.
Borner*.
Brehant*.
D^{lle} Créances*.
Guéry*.
Guntzberger*.
Harter*.
Joachim*.
Machat*.
Martel.
Meneveau*.
Millhaud*.
Pascoet.
Procureur.
Saulgeot*.
Tremsal.
Varret.
Veillet-Lavallée.
Weill.

1895.

Cahour.
Chilot.
Coquelin.
Dennery.
Dupré.
Enault.
Fourel*.
Gahide.
Gauthiot*.
Gazier.
Héligon.
Hémon*.
Jadot.
Ladet*.
Landry*.
D^{lle} Latappy*.
Meyer (Frantz).
Muller.
Paulian.
Pequignat.
Pujet.
Schvartz.
Vendryès*.
Veslot*.
Vulliod.
Weber*.

1896.

Benoist*.
Bigot*.
Borlé.
Camerlynck*.
Caron.
Dhuet.
Doreau*.
Druesnes*.
Duponchel*.
D^{lle} Fatter*.
Frey*.
Hovelaque·
Lardeur.
Lerouge*.
Marc*.
Maury.
Monchicourt.
Monnot.
Pascal.
Pignolet.
Salaün.
Secheresse.
Thibault.
Vezinet*.
Zivy.

1897.

Aubry.
Barrau.
Bettelheim.
Brehier.
Clermont*.
Dutheillaumas.
Fremin.
Gibelin.
Lescoffier*.
L'Hopital*.
Loisel.
Mann.
Miniscloux.
Morel*.
Moulin.
*D^{lle} Mourlon.
Picquenard.
Selsis.
Thomas.
Villeneau.

1898.

Avenard.
Bernus*.

1898 (suite).

Berrod.
Besques.
Boisso.
Bolvin.
Burghard.
Cahen.
Cotte.
Daganet.
Doin.
Fayolle.
Jacquard.
Le Nestour.
Mady.
Mentré.
Micault.
D^{lle} Milhau.
Petiot.
Pichard.
Pommier.
Poux.
D^{lle} Rolland.
Salvagniac.
Toudouze.

1899.

Assant.
Benoiste.
Bourbon.
Chantavoine.
Chassigneux.
Chauvet.
Doublet.
Ferry.
Gilles.
Gosselin.
Heinrich.
Hirtz.
Jolivet.
Kremer.
Labaste.
Mairey.
Mathieu.
Millot.
Oriol.
Passerat.
Poitevin.
Reybel.
Tirlemont.

E

ÉTUDIANTS DE LA FACULTÉ DES LETTRES DE PARIS DEVENUS AGRÉGÉS DE L'UNIVERSITÉ, 1881 A 1899

Le chiffre à droite du nombre indique la date de la nomination comme agrégé ; le chiffre à gauche, la date de la nomination à la bourse des anciens boursiers d'agrégation de la Faculté.

Philosophie.

1890. — Abit, 1892.
Ackermann (abbé), 1888
1889. — Appuhn, 1890.
Arnal, 1888.
1893. -- Bellin, 1895.
Beurlier, 1888.
Biema (van), 1897.
Bloch, 1899.
1886. — Bohème, 1888.
1884. — Bourdon, 1886.
1894. -- Brehant, 1896.
Brétégnier. 1894.
1886. --- Cantecor, 1888.
1892. — Cazals, 1893.
1893. — Delacroix, 1894.
Delondre, 1887.
1884. — Delvaille, 1892.
Delvolvé. 1898.
Dimier, 1892.
1881. — Douheret, 1887.
Dubourdieu, 1887.
Dumont, 1891.
Fauconnet, 1895.
Fenart, 1897.
Foucault, 1891.
1885. — Gérard-Varet, 1887.
1895. — Hémon, 1896.
1892. — Lapie, 1893.
Lasserre, 1892.
Lebansais, 1884.
Lecharny, 1894.
Le Chevalier, 1889.
Léger, 1897.
1880. — Lesbazeilles, 1881.
Lœwé, 1894.
1884. — Malapert, 1885.
1883. -- Marillier, 1885.
1888. — Matton, 1889.
1883. -- Maurin, 1886.
1890. — Miot, 1893.
1894. — Milhaud, 1895.
Ogereau, 1882.
Pagès, 1890.
1884. — Payot, 1888.
1888. — Pécaut, 1890.
Piat (abbé), 1887
1881. — Picavet, 1882.
1886. --- Rayot, 1887.
Rey, 1896.
Robin, 1891.
1891. --- Rodrigues, 1894.
Rouget, 1885.
Sauvage, 1898.
1891. — Steeg, 1895.
1882. -- Thomas (Félix), 1883.
1883. -- Thomas (Jules), 1884.
1889. -- Tisserand, 1891.
Vesson, 1895.

Histoire.

1881. -- Æschimann, 1893.
1898. — Auzou, 1896.
1892. -- Benoît, 1893.
Bernard, 1880.
1893. — Bernard, 1895.
1882. — Berthelot, 1884.
Blondel, 1883
1890. — Bréhier, 1892.
1882. — Bruneau, 1888.
Cahen, 1897.
Calvet, 1882.
1888. — Charléty, 1890.

Histoire (suite).

Chassain de Marcilly, 1890.
Chaumont, 1893.
Clotet, 1891.
Colin, 1898.
1884. — Compain, 1886.
1893. — Conrad, 1895.
1881. — Coville, 1883.
Cultru, 1887.
1883. — Desdevises du Dezert, 1884.
Didier, 1883.
1883. — Doliveux, 1885.
1896. — Doreau, 1898.
Driault, 1893.
1884. — Dubois, 1886.
1881. — Dupont, 1885.
1889. — Duplessis - Kergomard, 1891.
Durandin, 1891.
Dutil, 1899.
1893. — Farand, 1895.
Ferey, 1898.
1891. — Foubert, 1892.
1885. — Froidevaux, 1888.
Gaillard, 1884.
Garnier, 1881.
Gaud, 1898.
Gay, 1890.
Ginoux, 1898.
Godard, 1893.
1896. — Guignebert, 1892.
1888. — Guy, 1889.
Hamant (abbé), 1893.
Haumant, 1886.
Hervé, 1897.
1885. — Hugand, 1888.
Houin, 1892.
1894. — Joachim, 1896.
Kaeppelin, 1896.
1883. — Langlois, 1884.
Lebègue, 1888.
Lefrancq, 1896.
1887. — Legrand, 1890.
1886. — Le Parquier, 1893.
Lesné (abbé), 1899.
Lespagnol, 1895.
1890. — Le Teo, 1891.

Levillain, 1895.
1889. — Lévy (Léon), 1891.
1897. — L'Hôpital, 1899.
Lichtenberger, 1891.
Lorin, 1890.
1894. — Machat, 1896.
Malet, 1889.
Mandoul, 1890.
1896. — Marc, 1897.
1884. — Martin (Camille), 1887.
1889. — Martin (Emile), 1899.
1894. — Ménoveau, 1896.
Merchier, 1884.
1891. — Metin, 1893.
1882. — Meuriot, 1885.
1891. — Milhaud, 1894.
Michel, 1897.
1889. — Millet, 1891.
Mongin, 1881.
1884. — Monlot, 1892.
Morel, 1887.
Morizet, 1898.
Moulin, 1896.
Mourlot, 1891.
1887. — Pariset, 1888.
1887. — Parmentier, 1889.
1887. — Petit, 1890.
Peytraud, 1887.
Pinon, 1895.
1888. — Prentout, 1892.
Prieur, 1888.
Rainaud, 1887.
Rayeur, 1886.
1887. — Réville. 1890.
Reynoard, 1894.
Rossignol, 1890.
Rougier, 1896.
1880. — Salone, 1884.
1885. — Sée, 1887.
1885. — Séris, 1895.
1890. — Thalamas, 1892.
1881. — Thirion, 1882.
1892. — Thomas, 1893.
Thomas, 1897.
Vallaux, 1894.
1882. — Waddington, 1884.
1881. — Wattecamps, 1892.
1890. — Wiriath, 1892.

Lettres.

Aguettant, 1895.
Alloend-Bessand, 1891.
1885. — Amiot, 1891.
1885. — Arnould, 1886.
1885. — Audollent, 1888.
Bayard (abbé), 1892.
1881. — Becker, 1882.
1887. — Bellessort, 1889.
1882. — Berger, 1888.
1882. — Bernard, 1887.
1892. — Bernaux, 1894.
1883. — Berret, 1894.
Bertrin (abbé), 1889.
Blum, 1894.
1889. — Bône, 1892.
1880. — Bonnerot, 1881.
Bourgain, 1898.
Bousquet, 1895.
Bouvier, 1887.
1891. — Bredin, 1893.
Brun, 1893.
Brun, 1894.
1880. — Chabault, 1885.
Chabot, 1897.
Chaix, 1899.
Champagne de Labriolle, 1895.
Charost (abbé), 1894.
1893. — Charrot, 1895.
Chaudey, 1885.
1891. — Chauvin, 1893.
1893. — Citoleux, 1895.
Cloup, 1896.
1881. — Colardeau, 1882.
1890. — Colin, 1893.
1895. — Collas, 1899.
Combarieu, 1884.
1893. — Cury, 1894.
1882. — Damenez, 1886.
1888. — Dausset, 1893.
Delage, 1899.
1884. — Delgrange, 1885.
Demargne, 1894.
1883. — Dériat, 1885.
1884. — Des Granges, 1889.
1886. — Devaux, 1890.
1883. — Diard, 1887.
Dieux, 1889.

1896. — Druesnes, 1899.
1882. — Duchesne, 1888.
1884. — Durand, 1884.
1881. — Egger, 1884.
1893. — Enoch, 1896.
1892. — Estève, 1894.
Fajolle, 1897.
Félix, 1887.
1885. — Ferréol, 1887.
1884. — Ferté, 1886.
Filippi, 1888.
1886. — Florisoone, 1889.
1891. — Fontaine, 1894.
Forest (abbé), 1892.
1895. — Fourel, 1897.
1880. — Fraizier, 1883.
Gain, 1893.
Gautier, 1897.
1883. — Gazel, 1886.
1881. — Genevray, 1883.
1889. — Georgin, 1891.
Guy, 1891.
1887. — Hachette, 1891.
1888. — Harmand, 1890.
1894. — Harter, 1897.
1886. — Hauvette, 1888.
Hembert, 1898.
1882. — Izenic, 1883.
1883. — Jamet, 1892.
Kahn, 1887.
1895. — Ladet, 1896.
1889. — Lafoscade, 1893.
Laignel, 1896.
Lambinet, 1895.
1889. — Laumonier, 1892.
Lavallée, 1899.
1882. — Lebasteur, 1886.
Le Bel (abbé), 1894.
1886. — Le Goupils, 1888.
Lemoine, 1882.
1883. — Lerol, 1889.
1897. — Lescoffier, 1899.
1882. — Lévi (Sylvain), 1883.
1887. — Lévy (Fernand), 1898.
1891. — Lignée, 1893.
Lintilhac, 1881.
1882. — Lion, 1886.
Lloubes, 1883.

Lettres *(suite)*.

Lucas (abbé), 1894.
Malard, 1896.
Margival (abbé), 1888.
1883. — Maury, 1884.
1882. — Missolle, 1883.
Morel, 1884.
1888. — Mutterer, 1890.
1886. — Navarre, 1887.
Orth, 1895.
1884. — Parnin, 1885.
Pasquier, 1898.
1889. — Passerat, 1891.
1884. — Perrard, 1886.
Piriou, 1898.
Poncelton, 1896.
Potez, 1888.
1890. — Prat, 1892.
Queillé, 1892.

Ramain, 1894.
Régan, 1896.
1882. — Rémon, 1884.
Renard, 1889.
1889. — Ribier (de), 1891.
Robineau (Albert), 1882.
1881. — Robineau (Fernand, 1883.
1881. — Salpetier, 1883.
Sarthou, 1897.
1883. — Schrœder, 1887.
1891. — Simon, 1893.
Simon, 1896.
1880. — Trémolet, 1888.
1888. — Veil, 1890.
1896. — Vézinet, 1898.
Vianey, 1888.
1895. — Weber, 1896.
1883. — Zidler, 1885.

Grammaire.

1881. — Agoulon, 1883.
Aucher, 1884.
1886. — Audouin, 1887.
1891. — Barbelenet, 1893.
Barbier, 1882.
1884. — Baron (Charles), 1885.
Baron (Jules), 1890.
1884. — Basterguc, 1886.
Baudrillart, 1887.
Bellanger, 1888.
Belleville, 1895.
1887. — Benoist, 1890.
1896. — Bigot, 1899.
1887. — Bollon, 1889.
1888. — Bonnel, 1894.
1882. — Boulin, 1884.
1887. — Bourdeauducq, 1889.
Bourdel, 1881.
1884. — Bourgoin, 1894.
1887. — Bousquet, 1888.
Bouteiller, 1886.
Boxler (abbé), 1891.
1887. — Boyer, 1888.
Brismontier, 1895.
Brizemur, 1897.
1880. — Caldemaison, 1887.
Carette, 1889.

1884. — Chabrier, 1886.
Chacornac, 1895.
Chavy, 1884.
1883. — Chevaldin, 1884.
Chevrel, 1881.
Christophe, 1882.
Chult, 1888.
Comte, 1882.
Cormon, 1883.
1890. — Coster, 1892.
1890. — Couderc, 1898.
Courgey, 1898.
1885. — Crépin, 1890.
Daudin, 1883.
1884. — Delacroix, 1885.
Delaruelle, 1895.
Delmas, 1886.
1891. — Denis, 1896.
Deprat, 1882.
Desrues, 1899.
1882. — Devillard, 1884.
Deville, 1882.
Dez, 1897.
Dieux, 1887.
Doret, 1881.
Dosimont, 1887.
Dottin, 1890.

Grammaire (suite).

1887. — Dubois (Julien), 1889.
Dufour, 1884.
Durry, 1885.
Duval (Pascal), 1896.
Duval (Victor). 1894.
1881, — Duval (Léonce), 1884.
1883. — Duvau, 1884.
1881. — Egger, 1882.
1892. — Evain, 1894.
1880. — Fleurot, 1882.
Fleury, 1883.
Follet, 1896.
Fouquet, 1898.
Fouyé, 1897.
1896. — Frey, 1898.
Gache, 1885.
1886 — Gasc-Desfossés, 1889.
Gasc-Desfossés, 1891.
1887. — Gaschet, 1893.
Girardot, 1890.
Gohin, 1895.
Goissedet, 1885.
Grammont. 1890.
Guillaume, dit Gaiffe, 1896.
Guiran, 1891.
1882. — Guitard, 1883.
Hamel, 1890.
1884. — Haury, 1889.
Héricy, 1884.
Horluc, 1899.
Idoux, 1896.
Jacques, 1891.
Jean, 1881.
Jombert, 1887.
Jourjon, 1895.
Jurain, 1883.
Kittel, 1892.
Lacôte, 1896.
1881. — Lapierre (de), 1883.
Larcux, 1889.
Laune, 1894.
LeChatellier(abbé), 1883.
1892. — Legendre, 1896.
Le Goff, 1883.
Lehot, 1881.
Lejay (abbé), 1888.
Lelong (abbé), 1893.
1896. — Lerouge, 1899.

Leroy, 1889.
1882. — Ligeret, 1884.
Loth, 1899.
1881. — Magniant, 1883.
Magnier, 1888.
Magnin, 1899.
Malbois, 1894.
Mallinet, 1885.
Manesse, 1882.
1886. — Maquet, 1887.
Marinet, 1899.
Marissiaux, 1894.
Martinon, 1891.
1884. — Masqueray, 1887.
Mauguin, 1899.
Mehouas, 1890.
1887. — Meillet, 1889.
Merlin-Lemas, 1881.
Mespoulet, 1895.
1883. — Mey, 1885.
1881. — Mithridate, 1882.
1885. — Monet, 1887.
1885. — Mongin, 1887.
1885. — Monscourt, 1887.
Moreau, 1884.
1897. — Morel, 1898.
Morin, 1882.
Muffang, 1890.
Nicolle, 1891.
Olivier, 1895.
1882. — Pascal, 1884.
Pauligny (abbé), 1892.
Pérouse, 1895.
1891. — Philippe, 1892.
1889. — Pichon, 1890.
Piétresson Saint-Aubin 1888.
1892. — Pous, 1894.
Prudon, 1888.
1880, — Psichari, 1881.
Ragon (abbé), 1885.
1892, — Rey, 1895.
1881. — Reboul, 1883.
Riandey, 1881.
Roy, 1889.
Sabbathier, 1885.
1888. — Saint-Mleux, 1894.
Saisset, 1890.
1894. — Saulgeot, 1897.

4

Grammaire (suite).

Schneegans, 1888.
Schwartz, 1885.
1886. — Séguin, 1888.
1893. — Serrurot, 1894.
Simore, 1884.
Suran, 1896.
Tailliart, 1896.
Tessier, 1899.
Thierry, 1883.
Tournois, 1881.
1880. — Trémolet, 1882.
1880. — Trenel, 1884.

1880. — Url, 1881.
Vaillant, 1882.
Vars, 1881.
1895. — Vendryès, 1896.
Vessereau, 1890.
Vessereau, 1897.
Viancy, 1886.
Villard, 1889.
Voinchet, 1882.
Weber, 1894.
1888. — Wormser, 1890.

Allemand.

Alekan, 1892.
Andler, 1889.
Arren, 1899.
1889. — Ascher, 1890.
D^{me} Bachellery, 1884.
1884. — D^{lle} Barbezat, 1886.
1884. — Basch, 1885.
1886. — Bauer, 1891.
Beck, 1881.
Belouin, 1893.
1896. — Benoist, 1899.
1898. — Bernus, 1899.
Beslais, 1898.
1880. — Besson (Paul), 1881.
1885. — Besson (Jules), 1887.
D^{me} Blanc, 1884.
1891. — Bloch (Henri), 1894.
1893. — Bloch, 1895.
Bott, 1883.
Bruel, 1896.
1892. — Burghard, 1894.
D^{lle} Camicas, 1896.
1888. — D^{lle} Cahn, 1898.
Cart (Théophile), 1885.
1888. — Cart (William), 1890.
1890. — Charvet, 1895.
1892. — Constant, 1897.
Dax, 1887.
1884. — Debray, 1886.
Delobel, 1897.
D^{lle} Demmer, 1894.
1887. — Desfeuilles, 1890.
1884. — Devaussanvin, 1886.

1891. — Donnay, 1893.
Dresch, 1878.
Ehrhardt, 1895.
D^{lle} Fanta, 1886.
1896. — D^{lle} Fatter, 1897.
Feuillié, 1882.
Fritsch, 1891.
Garnier, 1898.
1895. — Gauthiot, 1898.
1882. — D^{lle} Gille, 1883.
Girard, 1883.
Girot, 1885.
Gonin, 1890.
Grandgeorge, 1899.
1885. — Henry (Gaston), 1886.
1887. — Henry (Émile), 1889.
Hirsch, 1885.
Jassemin, 1895.
Jeanmaire, 1884.
1884. — Jeanneret, 1886.
Karppe, 1895.
1886. — Kont, 1887.
Lang, 1882.
Laudenbach, 1890.
Legras, 1890.
Lévy (Édouard), 1895.
Lévy, 1898.
Lichtenberger, 1885.
de Liebhaber, 1883.
1890. — Loiseau, 1893.
1882. — Lombard, 1885.
1888. — D^{lle} Lorentz, 1889.
Lorion, 1885.

Allemand (suite).

Maigrot, 1876.
Maranta, 1896.
Marquis, 1888.
D^lle Mattmann, 1892.
Meneau, 1884.
Mensch, 1885.
1886. — Meyer, 1888.
1893. — Meyer, 1897.
1897. — D^lle Mourlon, 1899.
Muller, 1882.
Muller (abbé), 1883.
1891. — Muller, 1894.
1885. — Nicolas, 1886.
Perrenot, 1884.
Pineau, 1888.
Pinloche, 1883.
1881. — Posth, 1883.
1887. — Potel, 1891.

Resslen, 1889.
D^lle Rissler, 1885.
1886. — D^ame Romieu, née Grousset, 1893.
Rouge, 1892.
1889. — Rougé, 1894.
D^lle Schach, 1894.
D^lle Schirmacher, 1887.
Schmitt, 1891.
1883. — Schœll, 1884.
1888. — Schœn, 1893.
Schurr, 1882.
1886. — D^lle Soult, 1888.
1888. — Wahart, 1891.
1887. — Weill, 1889.
D^lle Weill, 1898.
D^lle Weiller, 1897.

Anglais.

Aubril, 1892.
Audibert, 1896.
1886. — Barbeau, 1889.
1894. — Bastide, 1896.
1888. — Benassy, 1896.
D^lle Bergeron, 1894.
Bocave, 1896.
Bonnet, 1899.
1894. — Borner, 1897.
1893. — Bourgogne, 1896.
D^lle Bruggemann, 1893.
1896. — Camerlynck, 1898.
Cestre, 1895.
1885. — Chevrillon, 1887.
D^lle Clanet, 1897.
1897. — Clermont, 1899.
D^lle Coblence, 1896.
Corsin, 1896.
1894. — D^lle Créances, 1899.
D^lle Croix, 1895.
D^lle Daujean, 1888.
D^lle Decroix, 1895.
Dulac, 1889.
1896. — Duponchel, 1898.
1889. — Duvergé, 1893.
Edwards, 1882.
Faribault, 1885.
D^lle Finlayson, 1897.

1892. — Gasne, 1894.
1886. — Gouyet, 1891.
Gourio, 1898.
D^lle Goy, 1899.
1894. — Guéry, 1898.
Guillaume, 1891.
Guillotel, 1891.
Guiraud, 1885.
Hamerton, 1884.
Hermeline (abbé), 1899.
1887. — Hovelaque, 1889.
D^me Landolphe, 1889.
1895. — D^lle Lattappy, 1898.
1885. — Lautard, 1887.
Lauvrière, 1893.
1882. — Lecoq, 1890.
1883. — Legouis, 1885.
1885. — Lemarquis, 1887.
D^lle Lemarquis, 1893.
Lestang, 1894.
1890. — Mahieu, 1892.
Malfroy, 1882.
Mathias, 1893.
Meadmore, 1886.
1886. — Minssen, 1892.
D^lle Minssen, 1894.
Murray, 1895.
D^lle Néel, 1894.

Anglais *(suite)*.

D^{lle} Périlès, 1893.
D^{lle} Pitsch, 1891.
1893. — Planes, 1896.
Ponge, 1893.
1891. — Rancès, 1893.
Reyher, 1898.
1891. — Schacher, 1894.
D^{lle} Scott, 1888.

D^{lle} Smart, 1888.
D^{lle} Soult, 1886.
Strylenski, 1885.
1887. — Travers, 1892.
1895. — Veslot, 1899.
1884. — Wahl, 1886.
D^{lle} Williams, 1884.

Enseignement spécial.

Beraud, 1886.
1881. — Billaz, 1887.
1882. — Bornarel, 1888.
1881. — Campagnac, 1886.
1883. — Chollet, 1889.
D'Antoine, 1887.
Desternes, 1890.
1883. — Domange, 1886.
1884. — Duval (Placide), 1891.
François, 1886.
Galland, 1887.
Gascard, 1886.

1885. — Glorieux, 1892.
1885. — Grenier, 1889.
1884. — Le Goffic, 1887.
1884. — Loyer, 1891.
1881. — Pauthier, 1885.
Petit, 1883.
Raynaud, 1888.
Treney, 1884.
Valentin, 1886.
Viguier, 1888.
Vuillame, 1890.

F

ÉTUDIANTS DE LA FACULTÉ DES LETTRES DE PARIS NOMMÉS, APRÈS CONCOURS, MEMBRES DE L'ÉCOLE FRANÇAISE D'ATHÈNES, 1891 A 1899

L'astérisque désigne les anciens boursiers d'agrégation.

1891. — *MILLET (Fortuné-Eugène-Gabriel).
1894. — *COLIN (Hubert-Gaston).
1895. — LAURENT (Joseph-François).
1896. — DEMARGNE (Joseph-Marie-Mathieu).
1899. — CHAPOT (Victor).

G

ÉTUDIANTS DE LA FACULTÉ DES LETTRES DE PARIS DEVENUS DOCTEURS ÈS LETTRES, 1884 A 1899

L'astérisque désigne les anciens boursiers d'agrégation
de la Faculté.

1. — *LESBAZEILLES, 16 mai 1884.

2. — DECRUE, 17 avril 1885.
3. — *THIRION, 6 juin 1885.

4. — *URI, 21 mai 1886.
5. — CHENEVIÈRE, 21 juin 1886.

6. — *LANGLOIS, 27 avril 1887.

7. — LINTILHAC, 6 février 1888.
8. — *WADDINGTON (Albert), 1er juin 1888.

9. — *DESDEVISES DU DEZERT (Georges), 4 février 1889.
10. — *THOMAS (Félix), 7 juin 1889.
11. — *COVILLE, 18 décembre 1889.

12 — PINLOCHE, 21 mars 1890.
13. — *BESSON, 23 avril 1890.
14. — PIAT (abbé), 23 mai 1890.
15. — *LÉVI (Sylvain), 24 décembre 1890.

16. — *PICAVET, 15 mai 1891.
17. — *BARON, 3 juin 1891.
18. — LICHTENBERGER (Henri), 10 juin 1891.

19. — *FROIDEVAUX, 10 février 1892.
20. — *SÉE, 9 mars 1892.
21. — *MAURY, 16 mai 1892.
22. — *BOURDON, 17 juin 1892.
23. — BLONDEL, 26 décembre 1892.

24. — PISANI (abbé), 26 avril 1893.
25. — SCHIRMER (RIEFFEL·), 12 juin 1893.

26. — COMBARIEU, 31 janvier 1894.
27. — *CHEVRILLON, 2 mars 1894.
28. — RAINAUD, 14 mars 1894.
29. — *BATIFFOL (Louis), 30 mai 1894.
30. — HAUMANT, 20 juin 1894.

31. — VIGUIER, 1er février 1895.
32. — *PETIT-DUTAILLIS, 13 mars 1895.
33. — LICHTENBERGER (André), 21 juin 1895.
34. — BERNARD (Augustin), 3 juillet 1895.

35. — *LION, 12 février 1896.
36. — *MASQUERAY (Paul), 21 février 1896.
37. — EMMANUEL, 4 mars 1896.
38. — *PAYOT, 27 mars 1896.

39. — *Legouis, 29 avril 1896.
40. — *Charléty, 5 juin 1896.
41. — Vianey, 17 juin 1896.

42. — Funck-Brentano, 13 janvier 1897.
43. — *Pariset, 10 février 1897.
44. — *Becker, 17 février 1897.
45. — *Meillet, 10 mars 1897.
46. — Dottin, 5 mai 1897.
47. — Des Granges, 26 mai 1897.
48. — *Basch, 28 mai 1897.
49. — *Benoit, 4 juin 1897.
50. — Peytraud, 11 juin 1897.
51. — *Malapert, 10 décembre 1897.

52. — Dehérain, 19 janvier 1898.
53. — *Meuriot, 16 février 1898
54. — Galland, 9 mars 1898.
55. — *Harmand, 18 mars 1898.
56. — Malotet, 3 juin 1898.
57. — *Arnould, 1er juillet 1898.
58. — Guy, 28 décembre 1898.

59. — Deschamps, 28 janvier 1899.
60. — *Gérard-Varet, 17 février 1899.
61. — *Audouin, 2 mars 1899.
62. — *Brehier, 16 mars 1899.
63. — *Schrœder, 3 mai 1899.
64. — Bertrin (abbé), 13 décembre 1899.

II

ÉTUDIANTS DE LA FACULTÉ DES LETTRES DE PARIS ADMIS AU DOCTORAT D'UNIVERSITÉ

1. — de Mandach, 30 mai 1899.
2. — Gavrilovitch, 19 décembre 1899.

PARIS. — IMPRIMERIE DELALAIN FRÈRES

RUE SÉGUIER, 18.

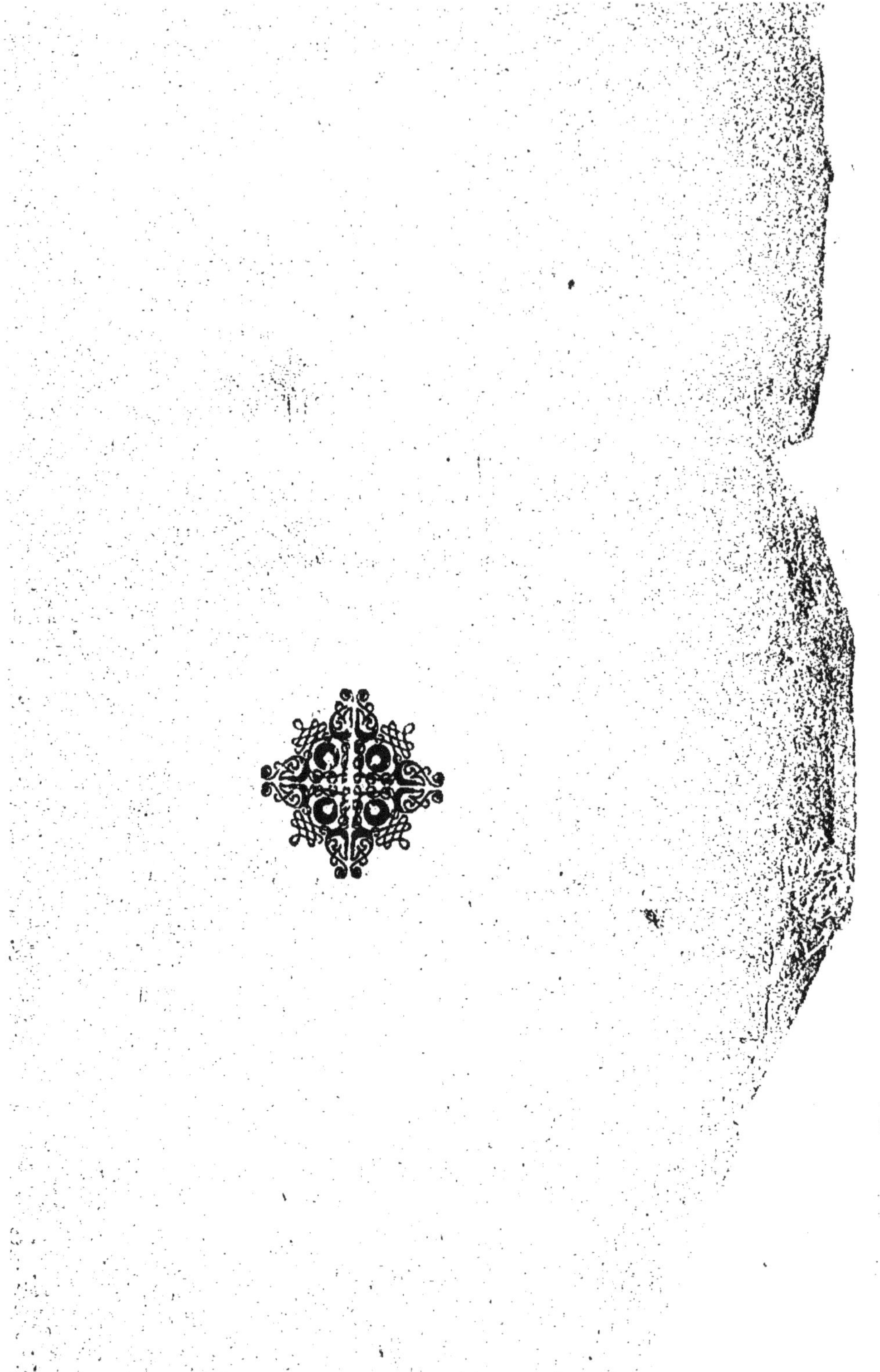